JN495690

DELF A1/A2 production écrite(작문) 준비와 다양한 부록이 수록된

문샘의 초보자를 위한

기초 프랑스어 문법과 작문

신아사

서문

필자는 대학교와 기업체 강의를 통해서 프랑스어 작문과 문법을 몇 년 째 가르치며 몇 가지 고민이 생겼습니다. 그 중에서 어떻게 하면 초보 학습자들이 조금이라도 쉽고 빠르게 프랑스어를 익힐 수 있을까를 고민하는 것과 교재에 대한 고민이 상당히 컸습니다. 어떤 교재는 초보자들이 접근하기에는 어려워 보이고 또 어떤 교재는 너무 초보적인 내용으로만 되어 있어서 한 권으로는 학습이 부족할 것 같은 경우가 대부분이었습니다. 따라서 한 권으로 된 간단한 그렇지만 대부분의 문법적 사항들을 담은 교재, 접근이 쉽고 이해가 되는 문법을 겸한 작문 책에 대한 관심이 커져서 이렇게 그동안의 강의록을 바탕으로 본서를 집필하게 되었습니다.

프랑스어를 처음 접하는 초보자들이 프랑스어 작문을 하기 위해서는 우선 프랑스어 구문에 익숙해 질 필요가 있습니다. 문법과 구문 연습을 통해서 쉬운 문장들을 프랑스어로 전환하는 연습이 중요하다고 생각합니다.

작문의 중요성은 언어의 다른 영역도 마찬가지지만 비단 작문으로만 끝나는 것이 아니라 다른 언어영역들과의 연관성에서 찾을 수 있습니다. 예를 들어 프랑스어 같은 경우 자신이 작문한 문장은 바로 회화로 전환할 수 있기 때문에 더 매력적인 분야입니다. 또한 작문연습을 통해서 문장 구조에 익숙해지면 독해 역시 수월하게 할 수 있게 되므로 작문의 중요성은 매우 크다고 할 수 있습니다.

하지만 안타깝게도 학생들은 작문이 따분한 수업이라는 선입견을 가지는 경우가 종종 있습니다. 작문은 수업이 어떤 방식으로 진행되느냐에 따라서 학생들이 가장 재미있는 수업이라고 칭할 만큼 오히려 다양함과 흥미를 살릴 수 있는 수업이라고 봅니다.

먼저 본 교재는 기본 프랑스어 문법과 기초적인 작문연습을 중심으로 한 27개의 강으로 구성되어 있습니다.

각 강마다 처음 부분은 문법에 대한 설명을 넣었습니다. 문법을 어느 정도 알아둔 다음에 작문을 하는 경우가 더 수월하기에 정한 방법입니다. 문법에 대한 설명은 프랑스어에 대한 사전 지식이 없거나 적은 초보 학습자들을 대상으로 한 중요하고 기본적인 사항들을 설명과 예문으로 풀이해 놨습니다.

두 번째 부분은 처음 부분에 언급한 문법 내용을 작문연습으로 풀어 보는 것입니다.

각 강마다 20문제의 연습문제가 있습니다. 학생들이 작문을 쉽게 할 수 있도록 문제 설명과 어휘, 참고 사항들을 덧붙였습니다. 또한 모든 작문 해답을 달아나서 학생들이 쉽게 자신의 것과 비교, 참고할 수 있게 했습니다.

세 번째 부분은 Delf A1/A2 작문 시험을 준비하기 위해서 시험에 자주 나오는 유형들로 7개의 작문을 준비했습니다. 자기소개나 편지 쓰기, 영화 감상문, 이메일 등의 글쓰기를 통해 자신의 의견을 나타내거나 감사, 거절의 표현들을 공부할 수 있도록 했습니다.

부록에는 본문 작문에 필요한 어휘들과 보충 설명이 될 만한 표현들을 정리했습니다. 또한 본문에 나오는 모든 프랑스어 문장과 어휘를 mp3로 녹음하여 초보학습자들이 정확한 프랑스어 발음과 억양을 공부하는데 도움을 받을 수 있도록 했습니다. 이 자리를 빌려서 프랑스어 녹음을 해주신 Marina HUON 선생님께 다시 한 번 감사드립니다.

본서는 『완전불어』(오증자 저)와 Hachette 출판사에서 나온 *Grammaire 350 Exercices*를 참고했으며 연습문제들은 필자가 강의 시간에 풀었던 쉽고 기본적인 문제들입니다.

끝으로 아직 불안정하고 미흡한 본서에 대해 많은 충고와 조언을 바라며 프랑스어 문법과 작문을 처음 접하는 분들에게 본서가 조금이나마 도움이 되기를 희망합니다.

문미영

목차

서문 · 2

프랑스어 문법과 작문을 배우기 전에 · 10

1) 프랑스어 알파벳 · 10
2) 프랑스어 발음 · 11

1강

프랑스어 문장의 기본 문형 · 16

1) 주어인칭대명사 · 17
2) 조동사 · 17
3) 관사 · 19
작문연습 1 · 20

2강

명사와 첫 작문에 필요한 기본 구문 세 가지 · 23

1) 명사 · 23
2) C'est 구문 · 25
3) Voici, Voilà 구문 · 25
3) Il y a 구문 · 25
작문연습 2 · 27

3강

형용사 · 30

1) 품질 형용사 · 30
2) 수형용사 · 30
작문연습 3 · 34

4강

직설법 현재의 주요 동사들 · 38

1) 1군 규칙동사 · 39
2) 2군 규칙동사 · 41
작문연습 4 · 42

5강

3군 불규칙동사 · 46
작문연습 5 · 49

6강

동사원형이 뒤따르는 동사와 구문들 · 52
1) 동사 + 동사원형, 동사 + à + 동사원형, 동사 + de + 동사원형 · 52
2) 근접미래 · 54
3) 근접과거 · 54
작문연습 6 · 55

7강

지시형용사와 지시대명사 · 58
1) 지시형용사 · 58
2) 시시대녕사 · 59
작문연습 7 · 61

8강

소유형용사와 소유대명사 · 64
1) 소유형용사 · 64
2) 소유대명사 · 64
작문연습 8 · 67
Delf 작문연습 1 (가족소개) · 70

9강

부정문과 의문문 · 72
1) 부정문 · 72
2) 의문문 · 73
작문연습 9 · 75

10강

의문형용사와 의문부사 · 78
1) 의문형용사 · 78
2) 의문부사 · 79
작문연습 10 · 81

11강

의문대명사 · 85

1) 변화하지 않는 의문대명사 · 85
2) 변화하는 의문대명사 · 87
작문연습 11 · 88
Delf 작문연습 2 (편지 1) · 89

12강

부사와 전치사 · 92

1) 부사 · 92
2) 전치사 · 93
3) 전치사구 · 95
작문연습 12 · 96

13강

비인칭구문 · 100

작문연습 13 · 102

14강

직설법 단순미래와 전미래 · 104

1) 단순미래 · 104
2) 전미래 · 105
작문연습 14 · 106
Delf 작문연습 3 (길 묻고 답하기) · 109

15강

직설법 반과거 · 110

작문연습 15 · 112

16강

직설법 복합과거와 대과거 · 116

1) 복합과거 · 116
2) 대과거 · 118
작문연습 16 · 119
Delf 작문연습 4 (영화감상문쓰기) · 121

17강

직·간접 (목적)보어 (보어 인칭대명사) 124

1) 직접보어 124
2) 간접보어 124
3) 직·간접 보어의 위치 126
작문연습 17 127
Delf 작문연습 5 (편지 2) 130

18강

대명동사 132

작문연습 18 135

19강

수동태 138

작문연습 19 140

20강

비교급과 최상급 144

1) 비교급 144
2) 최상급 145
작문연습 20 147

21강

간단한 두 문장의 나열 150

작문연습 21 152
Delf 작문연습 6 (순서가 있는 작문) 155

22강

분사절과 제롱디프 156

1) 현재분사와 과거분사 156
2) 분사절 158
3) 제롱디프 159
작문연습 22 160

23강

관계대명사 · 164

1) 단순형: 변화하지 않는 관계대명사 · 164
2) 복합형: 변화하는 관계대명사 · 166
작문연습 23 · 167

24강

조건법과 조건문 · 170

1) 조건법 · 170
2) 조건문 · 172
작문연습 24 · 173

25강

접속법 · 176

작문연습 25 · 179
Delf 작문연습 7 (이메일 보내기) · 181

26강

원인, 시간, 목적, 대립, 결과의 표현 · 184

작문연습 26 · 186

27강

간접화법과 간접 의문문 · 190

1) 간접화법 · 190
2) 간접의문문 · 191
작문연습 27 · 193

해답 · 196

부록 · 212

문샘의 초보자를 위한

기초 프랑스어 문법과 작문

프랑스어 문법과 작문을 배우기 전에

프랑스어를 처음 접하는 경우에는 우리에게 친숙한 외국어인 영어와는 다르게 처음 보는 철자들과 발음으로 인해서 왠지 더 어렵게 느껴지는 경우가 있습니다. 이것은 친숙함에서 오는 차이입니다. 이것을 극복하기 위해서는 많이 들어보고 읽어보고 말해보고 써보는, 그야말로 프랑스어와 시간을 많이 보내는 방법이 최고라고 할 수 있습니다. 프랑스어를 가까이 하면서 한 달, 두 달 시간을 지내다보면 어느덧 낯설었던 철자와 어색했던 발음이 자연스럽게 여겨질 때가 오게 됩니다. 다음에 나오는 프랑스어의 알파벳과 철자기호들을 외우고 발음기호 안의 발음들을 반복해서 연습할 필요가 있습니다.

1) 프랑스어 알파벳(L'alphabet français)

프랑스어의 알파벳은 26자이며 형태는 영어와 같습니다. 그러나 프랑스 알파벳의 발음은 다르므로 읽는데 주의해야 합니다. 다 외운 후에는 어렸을 때 불렀던 알파벳송을 프랑스식으로 한 번 불러보면 어떨까요? ☺

A [ɑ] B [be] C [se] D [de] E [ə] F [ɛf] G [ʒe] H [ɑʃ] I [i] J [ʒi]
K [kɑ] L [ɛl] M [ɛm] N [ɛn] O [o] P [pe] Q [ky] R [ɛ:r] S [ɛs] T [te]
U [y] V [ve] W [dubləve] X [iks] Y [igrɛk] Z [zed]

프랑스어에는 위의 26문자 외에도 다음과 같은 철자 기호와 함께 사용하는 문자들이 있습니다. 악상은 e의 경우처럼 발음을 좀 더 명확하게 해 주기 위해 붙는 기호입니다. 예를 들어 e[ə](우리말로 [으]에 가깝게 발음됨)가 é로 되면 발음이[e][에]와 비슷하게 발음됩니다. 하지만 그 밖의 모음에서는 발음상 별다른 차이가 없이 하나의 철자로 쓰이는 경우가 많습니다.

é : e위에 붙여지는 악상떼귀accent aigu (예 bébé 아기)

à, è ù : a, e, u위에 붙여지는 악상그라브accent grave (예 mère 어머니)

➾ 악상테귀와 악상 그라브가 헷갈린다고요? 악상떼귀는 é / 처럼 오른손으로 따귀를 때린다고 상상해 보세요. ☺ 그리고 그 반대는 악상그라브 à, è ù 입니다.

â, ê, î, ô, û : 모음 중에서 y를 제외한 모음위에 붙여질 수 있는 악상시르콩플렉스(accent circonflexe) 예 hôtel 호텔

➾ 모음 위에 모자를 씌워보세요. â, ê, î, ô, û

ä, ë, ï, ö, ü : 모음이 연속으로 올 경우에 각각의 발음을 위해 두 번째 모음위에 놓이는 트레마 tréma 예 Noël 크리스마스)

➾ 모음 위에 점 두 개를 얹어주세요. ä, ë, ï, ö, ü

ç : c밑에 붙여서 c가 항상 [s] 발음임을 표시하는 세디유cédille (예 ça 그것, 이것)

➾ c 밑에 고리를 붙여준다고 상상하며 한 번 써 볼까요? ç

2) 프랑스어 발음(La prononciation française)

프랑스어 알파벳과 철자 기호를 익혔다면 이제는 발음 연습을 공부해 보도록 하겠습니다. 프랑스어를 발음하기 위해서는 12개의 모음과 4개의 비모음, 16개의 자음, 2개의 혼성음, 5개의 반자음과 2개의 습음을 배워야 합니다. 용어가 어렵겠지만 발음 기호를 통해서 반복해서 연습하다 보면 사람들이 왜 프랑

스어를 연인의 언어라고 말하는 지 그 감미로움의 비밀을 터득하실 수 있을 것입니다.

① 모음

[a] (예 madame [madam] 부인), [ɛ] (예 elle [ɛl] 그녀), [e] (예 été [ete] 여름),
[i] (예 île [il] 섬), [y] (예 université [yniversite] 대학교),
[ɑ] (예 papa [pɑpɑ]아빠), [ɔ] (예 Paul [pɔl] 폴), [o] (예 rose [ro:z] 장미),
[u] (예 tout[tu] 모든 것), **[œ]** (예 jeune [ʒœn], **[ø]** (예 feu [fø] 불),
[ə] (예 de [də] ~의, ~부터)

➾ [œ]와 [ø]는 둘 다 우리말로 [외]에 가까운 발음입니다. 입술을 둥그렇게 모아서 앞으로 쭉 내민 상태에서 외갓집 할 때의 외에 가깝게 발음하면 됩니다. [œ]는 [ø] 보다 입을 좀 더 크게 벌린 상태에서 입 안 뒤쪽에서 발음하듯이, [ø]는 입을 조금 작게 해서 입 앞쪽에서 발음해 보세요.

② 비음

[ɑ̃] (예 lampe [lɑ̃p] 램프, 전등), [ɛ̃] (예 pain [pɛ̃] 빵), [õ] (예 bon[bõ] 좋은),
[œ̃] (예 parfum [parfœ̃] 향기)

➾ 비음이라고도 하는 비모음은 흔히 콧소리라고 하죠. 입과 코로 동시에 숨을 내쉬면서 [아]는 [앙]식으로, [에]는 [엥] 식으로 발음하며 됩니다.

③ 자음 :

[p] (예 paix [pɛ] 평화), [b] (예 beau [bo] 아름다운), [m] (예 mai [mɛ] 오월),
[f] (예 facile [fasil] 쉬운), [v] (예 ventre [vɑ̃:tr] 배, 복부), [t] (예 tête [tɛt]머리), [d] (예 date [dat] 날짜), [n] (예 nez [ne] 코), [s] (예 salle [sal] 방),
[z] (예 maison [mɛzõ] 집), [l] (예 lait [lɛ] 우유), [ʃ] (예 cheval [ʃəval] 말),
[ʒ] (예 joli [ʒɔli] 예쁜), [k] (예 café [kafe] 커피), [g] (예 gant [gɑ̃] 장갑)

➾ [ʃ] 발음은 옛날에 할머니들이 어린 손자들 소변을 누일 때 "쉬~"소리를 내는 것처럼 [슈]에 가깝게 발음합니다.

④ 혼성음 :

[ks] (예 taxi[taksi] 택시), [gz] (예 exercice[ɛgzɛrsis] 연습, 운동)

⑤ 반자음 :

[j] (예 pied [pje] 발), [w] (예 ouest [west] 서쪽), [wa] (예 oiseau [wazo] 새), [wɛ̃] (예 coin [kwɛ̃), [ɥ] (예 nuit [nɥi]밤)

➾ [ɥ]는 [i] 발음을 늘여준다고 생각하면서 [~위이]에 가깝게 발음합니다.

⑥ 습음 :

[ɲ] (예 peigne[pɛɲ], [j] (예 soleil [sɔlɛj]

➾ [ɲ]는 [~뉴]에 가깝게 [j][~이유]에 가깝게 발음합니다.

이 외에도 다음과 같은 주요 발음 원칙들이 있습니다.

① 프랑스어에서는 예외가 있긴 하지만 기본적으로 끝자음과 마지막 e는 발음을 하지 않습니다.

② h는 유음 h와 무음 h로 구별 되며 둘 다 발음되지 않으나 무음 h는 연독과 생략이 됩니다. 유음 h의 구별은 사전에서 단어 앞에 †과 비슷한 별도의 표시가 되어 있으므로 반드시 사전을 통해서 확인을 해야 합니다.

예 l'homme 사람 (무음 h), le héros 남자 주인공, 영웅 (유음 h)

③ 프랑스어는 연독(liaison)이라는 것이 있어서 마지막 자음을 발음하지 않는 규칙이 있지만 모음이나 무음 h 앞에서는 두 단어를 연결해서 발음해 주는 일이 많습니다.

예 Il‿a [ila], Nous‿avons [nuzavɔ̃]

④ 주로 e, a, i 모음이 주어인칭대명사나 지시대명사, 정관사 등의 단어로 쓰일 때 다음에 오는 단어가 모음이나 무음 h로 시작되는 경우에는 모음자 생략(élision)이 이루어진다.

예 le homme → l'homme, la école → l'école, ce est → c'est

문샘의 초보자를 위한

기초 프랑스어 문법과 작문

1강

프랑스어 문장의 기본 문형

프랑스어는 영어와 마찬가지로 문장의 기본 5형식을(예문1번~5번) 비롯해서 비인칭 구문(예문6번), 주어 + 동사 + 명사절을 이루는 구문(예문7번), 주어 + 준조동사 + 동사원형 구문(예문8번), 준조동사 + 전치사 + 동사원형 구문(예문9번과 10번)들이 많이 쓰입니다. 다음에 나오는 구문들은 앞으로 배우게 될 본 작문 교재에서 가장 빈번하게 사용될 기본 구문들입니다.

예문 Je parle. 나는 말한다.
La Terre est ronde. 지구는 둥글다.
J'aime la musique classique. 나는 고전음악을 좋아한다.
J'offre des fleurs à ma mère. 나는 어머니에게 꽃을 선사한다.
Je trouve Marie belle. 나는 마리가 아름답다고 생각한다.
Il pleut. 비가 내린다.
J'espère que tout ira bien. 모든 일이 잘 되기를 바란다.
Je voudrais téléphoner. 전화하고 싶습니다.
Il commence à travailler. 그는 일을 하기 시작한다.
Il a fini de travailler. 그는 일을 마쳤다.

물론 이 외에도 더 다양하고 복잡한 구문들이 많이 있고 사용도 많이 되지만 여기서는 우선 초급 단계에서 많이 쓰이는 구문들을 정리해 놓은 것입니다. 앞으로 프랑스어 실력이 향상됨에 따라서 더 다양한 구문들에 익숙해질 수 있을 것입니다.

1) 주어인칭대명사

자, 그럼 프랑스어 작문을 시작하는데 가장 먼저 등장하게 되는 주어인칭대명사를 알아볼까요? 형태는 아래의 표와 같습니다.

3인칭에서 남 · 여성이 구별됩니다. 2인칭 복수인 vous는 2인칭 단수인 tu의 복수가 되는 동시에 존칭으로도 사용됩니다.

1인칭 단수	**Je** (나는)	1인칭 복수	**Nous** (우리들은)
2인칭 단수	**Tu** (너는)	2인칭 복수	**Vous** (당신은, 너희들은)
3인칭 남성단수	**Il** (그는)	3인칭 남성복수	**Ils** (그들은)
3인칭 여성단수	**Elle** (그녀는)	3인칭 여성복수	**Elles** (그녀들은)

프랑스어에서는 주어에 따라서 반드시 동사의 성·수를 달리 사용해야 합니다. 그러므로 문장에서의 성·수일치는 중요한 문법 규칙 중의 하나이며 여러분이 작문을 하거나 회화를 할 때에도 항상 성·수일치를 염두에 두어야 합니다.

3인칭 단수인 il은 날씨나 시간 등을 나타낼 때 비인칭 주어로도 사용됩니다.

이외에도 "나는, 우리들은"이라는 의미를 갖지만 3인칭 단수와 같이 변화하는 일반 주어 on이 있습니다.

2) 조동사

프랑스어에는 두 개의 조동사가 존재합니다. 바로 영어의 be동사와 비슷한 être동사와 영어의 have동사와 비슷한 avoir입니다. 이 두 조동사는 동사의 본래의 뜻으로도 많이 쓰이지만 특히 복합과거나 대과거와 같은 복합 시제를 만들거나 수동태, 대명동사 등의 활용에 사용되므로 반드시 습득해야할 중요한 동사입니다.

앞에서 설명했듯이 프랑스어는 주어에 따라서 동사의 형태와 발음이 변합니다. 동사 편에서 다시 설명하겠지만 프랑스어 동사는 동사의 어미변화에 따라서 크게 1군, 2군, 3군 동사로 분류됩니다. ☞ <4강> 동사편 참고.

대다수의 동사를 차지하고 있는 1군, 2군 동사는 규칙 동사이므로 어미 규칙동사만 외워서 적용하면 됩니다. 3군 동사의 경우는 일일이 변하는 경우가 있으므로 사전의 끝부분에 나와 있는 동사 변화 편을 보고 하나하나 확인해가며 외우는 것이 좋습니다. 아래 표에 나와 있는 être동사와 avoir동사는 대표적인 3군 동사입니다.

	Etre (~이다, ~에 있다)		**Avoir** (가지고 있다, 소유하다)
Je	**suis**	Je (J')	**ai**
Tu	**es**	Tu	**as**
Il /Elle / On	**est**	Il / Elle / On	**a**
Nous	**sommes**	Nous	**avons**
Vous	**êtes**	Vous	**avez**
Ils /Elles	**sont**	Ils / Elles	**ont**

3인칭 단수와 3인칭 복수는 동사 변화를 이끌 때에 남· 여성에 상관없이 같은 동사변화를 합니다.

1) Je suis grand. 나는 키가 크다.
2) Il est français. 그는 프랑스인이다.
3) Elle est jolie. 그녀는 예쁘다.
4) Tu as une pomme. 너는 사과를 한 개 가지고 있다.
5) Nous avons un chien. 우리는 개 한 마리가 있다(키우고 있다).

➾ 3)의 예문에서는 주어가 여성 단수이므로 형용사를 여성 단수형으로 일치시킨 것이다. ☞<3강> 형용사의 일치 참고.

3) 관사

관사란 명사 앞에 위치하며 명사의 특성을 나타냅니다. 불어에서는 특히 명사의 성·수에 따라 관사가 변화하므로 명사가 여성인지 남성인지를 사전에서 찾아 알아두어야 합니다.

불어에는 세 종류의 관사가 있습니다. **부정관사와 정관사, 부분 관사**가 있는데 부정관사와 정관사는 영어에서의 용법과 거의 같습니다. **부정관사**는 말 그대로 특별히 정해지지 않은 명사나 잘 알려지지 않은 대상을 지칭할 때 쓰이며 **정관사**는 총체적인 의미로 사용하거나 한정된 의미를 가질 때 쓰입니다. 부분관사는 부정관사의 일부로서 셀 수 없는 명사의 일부나 약간이라는 의미를 표시할 때 사용하는데 보통 술이나 커피 같은 액체류, 용기나 참을성 같은 추상명사 앞에서 주로 사용되며 '일부'의 의미로 쓰이므로 복수는 없습니다.

	남성단수명사 앞에서	여성단수명사 앞에서	남·여성 복수명사 앞에서
부정관사	**un**	**une**	**des**
정관사	**le (l')**	**la (l')**	**les**
부분관사	**du (de l')**	**de la (de l')**	

정관사나 부분관사는 모음이나 무음 h로 시작되는 명사 앞에서는 모음자 생략(élision)에 의해서 괄호안의 형태와 같이 변합니다.

un livre 책 한 권, une pomme 사과 하나, des cahiers 공책들
le crayon 그 연필, l'hôtel 그 호텔, la robe 그 원피스,
la cravate de Paul 뽈의 넥타이, les écoles 그 학교들
du vin (약간의) 포도주, de l'eau (약간의) 물, du courage 용기

정관사는(남성 단수와 복수일 경우에) 전치사 à 와 de 와 함께 쓰일 경우에는 다음과 같이 **관사축약**이 됩니다.

à + le → au　　　à + les → aux
de + le → du　　　de + les → des

작문연습 1

1) 그는 잘 생겼다.

➾ 주어 + 자동사(être) + 속사(품질형용사)로 이루어지는 구문으로 형용사의 위치에 다양한 단어를 사용하면서 많이 활용할 수 있는 구문입니다.

2) 그녀는 예쁘다.

3) 나는 키가 크다

4) 너는 키가 작다.

5) 그는 한국인이다.

➾ 주어 + 자동사(être) + 국적을 나타내는 형용사가 속사로 오는 경우로 ☞국가명과 그에 따른 형용사는 부록 참고.

6) 그녀는 프랑스인이다.

7) 그들은 중국인들이다.

8) 그녀들은 미국인들이다.

9) 그들은 한국인이다.

10) 나는 학생이다.

➾ 주어 + 자동사(être) + 신분을 나타내는 명사가 속사로 오는 구문인데 이 때 명사는 관사 없이 바로 쓰입니다.

11) 당신은 의사입니다.

12) 너는 선생님이다.

13) 나는 직장에 다닌다.

14) 나는 사전이 있다(가지고 있다).

➾ 주어 + 타동사 + 목적어를 가지는 구문이며 목적어로 쓰이는 명사는 명사의 성·수와 한정 여부에 따른 적절한 관사와 함께 쓰입니다.

15) 당신은 여권을 가지고 있다.

16) 그녀는 책을 한 권 가지고 있다.

17) 그는 개 한 마리를 가지고 있다(키우고 있다).

18) 우리들은 연필(들)과 공책(들)을 가지고 있다.

19) 그들은 집을 (한 채) 가지고 있다.

20) 그녀들은 차 (한 대)를 가지고 있다.

작문은 어느 정도 구문을 익힌 후에는 어휘(vocabulaire)와의 전쟁이라고 할 수 있습니다. 내가 표현하고 싶은 문장을 어떻게 뉘앙스를 살려서 잘 표현할 수 있을 것인가가 앞으로의 고민이 될 텐데요. 우선 기본 문장에 충실하면서 주어, 동사, 형용사, 관사, 명사 등의 어휘들을 잘 볶아서 ☺ 맛있는 볶음밥을 만들어 봅시다.

voca.

beau(belle) 잘생긴, joli(e) 예쁜, grand(e) 키가 큰, petit(e) 키가 작은, coréen(ne) 한국(인)의, français(e) 프랑스의, chinois(e) 중국인의, américain(e) 미국인의, un étudiant 학생, un médecin 의사, un professeur 선생님, salarié(e) 직장인, un dictionnaire 사전, un passeport 여권, un livre 책, un chien 개, un crayon 연필, un cahier 공책, une maison 집, une voiture 자동차

- ( ) 형용사의 여성형을 표시함. 명사는 특별한 경우를 제외하고는 부정관사로 남성, 여성명사를 표시함.
- 명사와 형용사의 성·수 변화는 <2강>의 명사 편과 <3강>의 형용사 편을 참고.
- 기본 어휘는 부록에서 추가적으로 참고.

2강

명사와 첫 작문에 필요한 기본 구문 세 가지

1) 명사

프랑스어는 한글과 다르게 명사마다 성·수가 존재해서 우리를 난감하게 하는 경우가 많습니다. 이런 어려움을 극복하기 위해서는 처음 단어를 외울 때에 그 단어의 성과 함께 외우는 것이 좋습니다. 또한 처음부터 문법적으로 완벽해지려고 애쓰지 말고 틀리더라도 자꾸 반복해서 써 보는 연습이 중요합니다. 틀리는 것을 두려워하지 말고 무소의 뿔처럼 당당히 앞으로 나아가십시오.☺

명사는 원칙적으로는 **남성명사에 ~e를 첨가하면 여성명사로, ~s를 첨가하면 복수 명사가** 됩니다. 하지만 이런 원칙 외에도 형태가 다르게 변화하는 단어들도 있습니다. 규칙에 의한 변화와 특수한 변화를 갖는 명사들을 살펴보겠습니다.

① 명사의 여성형 만들기

	남성명사	여성명사
(1) 기본 : 남성명사 + e	un étudiant 남학생	une étudiante 여학생
(2) er → ère	un étrang**er** 외국인	une étang**ère** 여자외국인
(3) n, t 자음으로 끝나는 단어 → 자음 반복 + e	un chien 개	une chie**nne** 암캐

(4) eur → euse	un chant**eur** 가수	une chant**euse** 여자가수
(5) teur → trice	un ac**teur** 배우	une ac**trice** 여자배우

② 명사의 복수형 만들기

	단수명사	복수명사
(1) **기본: 단수명사 + s**	**un stylo** 만년필 pays, voix, nez처럼 **s, x, z**로 끝나는 단어들은 복수형이 같다.	**des stylos** 만년필들 des pays 국가, des voix 목소리, des nez 코
(2) ~eau, ~au + x	un chev**eu** 머리카락	des chev**eux** 두발
(3) ~al, ou + x	un chev**al** 말(동물) un trav**ail** 일 un bij**ou** 보석 ~al 다음에 s가 오기도 한다	des chev**aux** des trav**aux** des bij**oux**
(4) 특수한 복수형을 갖는 경우	un **mon**sieur 신사 une madame 부인 une mademoiselle 숙녀 un **oeil**	des **mes**sieurs des **mes**dames des **mes**demoiselles des **yeux** 눈
(5) 단수 없이 복수만 사용하는 경우		ancêtres 선조 moeurs 풍속 matériaux 재료

➾ 명사의 여성형 만들기와 복수 만들기가 복잡하다구요? 그렇다면 기본형을 우선 외우고 나머지 변화들은 해당 단어가 나올 때면 그때 가서 다시 살펴보시면 됩니다.☺

첫 작문에 필요한 기본 구문 3가지: 여기서 잠깐 프랑스어 작문을 처음 하는데 꼭 필요한 기본적인 구문 세 가지를 살펴보도록 하겠습니다. 다음에 나오는 세 가지 구문(**C'est~ 구문, Voici, Voilà 구문, Il y a~구문**)은 작문은 물론이고 회화에서도 가장 쉽고 간단하게 의사표시를 할 수 있는 기본적인 구문이라고 할 수 있습니다.

2) C'est ~ 구문 : 이것(그것)은 ~입니다.

C'est ~ 구문은 이것, 저것을 가리키는 지시대명사 Ce와 être동사가 만나 모음자 생략이 된 것으로 영어의 It is~ (사물이 오는 경우)나 He is~ (사람이 오는 경우)에 해당하는 구문입니다.

➾ 복수 명사가 따를 경우에는 Ce sont~ 을 쓰면 됩니다.

예문 C'est un garçon. 그는 소년입니다.

C'est une fille. 그녀는 소녀입니다.

Ce sont des lettres. 편지들이 있습니다.

3) Voici~, Voilà~ 구문 : 여기에 ~이 있습니다, 저기에 ~이 있습니다.

Voici(여기에 ~이 있다)와 Voilà(저기에 ~이 있다)는 단어 자체에 동사의 뜻이 포함되어 있는 특별한 구문입니다.

➾ 따라서 동사 없이 Voici, Voilà 다음에 바로 명사가 옵니다.

예문 Voici un stylo. 여기에 만년필이 (하나) 있습니다.

Voilà une maison. 저기에 집이 있습니다.

Voici le stylo de Pierre. 여기에 삐에르의 만년필이 있다.

➾ 전치사 de는 영어의 of처럼 소유를 나타내며 위 문장에서는 만년필이 삐에르의 소유임을 표시하므로 정관사를 사용합니다.

4) Il y a~ 구문 : ~이 있습니다.

Il y a 구문은 비인칭 주어 il과 avoir동사가 만난 것으로 단수, 복수 명사가 모두 올 수 있습니다. 영어의 There is~ 에 해당하는 구문입니다.

예문 Il y a un homme et une femme. 한 남자와 한 여자가 있습니다.

Il y a des voitures. 자동차들이 있습니다.

Il y a du pain et du vin. (약간의) 빵과 포도주가 있습니다.

➾ 위 문장에서 빵과 포도주는 프랑스어에서는 셀 수 없는 명사에 속하므로 부분관사를 사용합니다.

작문연습 2

1) 이것은 창문입니다.

➾ "이것은~이다"는 C'est 구문을 사용합니다.

2) 이것은 넥타이입니다.

3) 이것은 미셀의 넥타이입니다.

➾ "~의"라는 소유를 표현하는 전치사는 de입니다.

4) 저기에 여자가수가 있다.

➾ "저기에~이 있다"는 Voilà 구문을 사용합니다

5) 여기에 보석들이 있다.

6) 저기에 학생들과 선생님들이 계십니다.

➾ 남·여성이 혼성으로 복수가 올 때는 대표로 남성복수를 사용합니다.

7) 이것은 꽃들입니다.

➾ 꽃들이라는 복수 명사가 오므로 C'est의 복수 형태인 ce sont을 사용하세요.

8) 그것은 만년필들이다.

9) 그는 가수고 그녀는 배우다.

10) 그녀들은 외국인들이다.

11) 여기에 왕자와 공주가 있습니다.

12) 나는 여자 친구가 있다.

13) 저기에 한 부인과 고양이가 있습니다.

14) 여기에 책 한 권과 연필들이 있다.

15) 저기 한 호텔이 있습니다.

16) 그 호텔은 학교 앞에 있습니다.

➾ 일반 명사가 주어로 오는 문장입니다.

17) 저기에 소녀들과 소년들이 있습니다.

18) 집이 한 채 있습니다.

19) 설탕이 (조금) 있습니다.

20) (약간의)돈이 있습니다.

➾ Il y a 구문과 더불어 "돈 argent"은 부분관사와 함께 쓰이는데 모음으로 시작하므로 정관사가 모음과 만나서 모음 생략이 되는 점에 주의하세요.

➾ <1강> 관사 편 참고.

voca.

une fenêtre 창문, une cravate 넥타이, une chanteuse 여가수, un bijou 보석, une fleur 꽃, un étudiant 남학생, un professeur 선생(교수)님, un stylo 만년필, une actrice 여배우, étranger(ère) 외국(인)의, un prince 왕자, une amie 여자친구, une dame 부인, un chat 고양이, un livre 책, un crayon 연필, un hôtel 호텔, une fille 소녀, un garçon 소년, une maison 집, de l'argent 돈, du sucre 설탕

앞에서 배운 명사의 여성형과 복수형을 다시 한 번 복습하세요.

3강

형용사

프랑스어에는 형용사의 종류가 다양합니다. 보통 명사를 수식해주는 품질 형용사. 수를 표현하는 기수, 서수 형용사, 이것, 저것을 지시하는 지시 형용사, 어떤 이라는 의문을 나타내는 의문 형용사, 소유를 뜻하는 소유 형용사, 부정문에 함께 쓰이는 부정 형용사로 용법에 따라 분류합니다. 여기에서는 우선 품질 형용사와 수 형용사를 다루도록 하겠습니다.

1) 품질 형용사

품질 형용사는 한마디로 하자면 명사를 꾸며주는 역할을 담당하며 명사나 대명사가 지니고 있는 성질이나 상태를 나타내거나 수식해 줍니다. 따라서 꾸며주는 명사나 대명사의 성·수에 따라서 때로는 여성 형으로 때로는 복수로 함께 변해야 합니다. 이것을 바로 형용사의 일치(accord)라고 합니다.

문장의 주어와 동사사이에서도 존재하는 성·수일치는 그 원리는 쉬우나 불어를 처음 배우는 학생들이 가장 잘 틀리는 부분이기도 합니다. 작문을 한 다음에는 주어와 동사의 성·수일치와 명사와 명사를 수식하고 한정해주는 관사, 형용사, 명사 사이의 성·수일치가 잘 되었는지 꼭 확인해 보는 습관을 가질 필요가 있습니다.

① 형용사의 여성형 만들기

	남성 단수	여성 단수
(1) **기본: 남성단수 + e**	**petit** 작은	**petite**
(2) e로 끝나는 단어는 같다.	facile 쉬운	facile
(3) er → ère	étrang**er** 외국의	étrang**ère**
(4) f → ve	acti**f** 활동적인	acti**ve**
(5) eux → euse	heur**eux** 행복한	heur**euse**
(6) ~on, el → + 자음중복 + e	b**on** 좋은 natur**el** 자연의	b**onne** natur**elle**
(7) 변화가 특이한 경우	blan**c** 흰 dou**x** 부드러운 lon**g** 긴 favori 좋아하는	blan**che** dou**ce** lon**gue** favori**te**
(8) 모음이나 무음 h앞에서 남성2형을 갖는 경우	**beau, bel** **nouveau, nouvel** **vieux, vieil**	**belle** 아름다운 **nouvelle** 새로운 **vieille** 늙은
(9) 형용사가 변하지 않고 여성형이 된 합성명사의 경우		une grand-chose 대단한 일 une grand-mère 할머니 une grand-rue 대로

② 형용사의 복수형 만들기

	남성 단수	남성 복수
(1) **기본 : 남성단수 + s**	**grand** 큰	**grands**
(2) ~s, x로 끝나는 단어는 변하지 않음.	**français** 프랑스의	**français**
(3) ~eau → eaux	**beau** 아름다운	**beaux**
(4) ~al → als → aux	final ég**al** 동등한	finals ég**aux**

	여성 단수	여성 복수
(1) **여성단수 형용사 + s** (예외 없음)	belle 아름다운 jolie 예쁜 blanche 흰	**belles** **jolies** **blanches**

➾ 예외가 너무 많다고요?☹명사 편과 마찬가지로 기본형을 우선 외우고 나머지 변화들은 해당 단어가 나올 때마다 다시 살펴보시면 됩니다.☺

③ 형용사의 위치

품질 형용사는 꾸며주는 명사의 앞이나 뒤에 놓일 수 있습니다. 하지만 영어와는 다르게 **형용사가 주로 명사 뒤에 놓인다**는 사실에 주목해야 합니다.

원칙적으로 **색깔, 형태, 맛, 기후, 국적**을 나타내는 단어들이나 비교적 음절이 긴 단어들은 **항상 명사 뒤**에 놓입니다.

하지만 다음에 나오는 열 개의 단어들은 원칙적으로 **명사 앞**에 놓이는 형용사들입니다.

bon 착한, **mauvais** 나쁜, **ancien** 오래된, **nouveau** 새로운

petit 작은, **grand** 큰, **jeune** 젊은, **vieux** 나이 든, **beau** 아름다운, **joli** 예쁜

형용사에 따라서 명사 앞에 놓일 때와 명사 뒤에 놓일 때 뜻이 달라지는 경우도 있습니다. 대개 앞에 놓일 때는 주관적, 감정적인 뜻이며, 뒤에 놓일 때는 논리적, 객관적인 뜻으로 쓰입니다.

예문 un cher ami 친애하는 친구 - un livre cher 비싼 책
le grand homme 위대한 사람 - l'homme grand 키가 큰 사람

형용사가 명사 앞에 놓이고 부정관사 복수가 오는 경우에는 부정관사 복수인 des가 de로 변합니다.

예문 des petits enfants 어린 아이들→ de petits enfants

➾ 위의 예문처럼 형용사 + 명사인 경우에는 일반적으로 연독을 하지만 명사 + 형용사인 경우에는 연독을 하지 않습니다.

2) 수 형용사

1에서 10가지의 기수를 먼저 알아볼까요? 숫자를 셀 때 프랑스 사람들은 우리나라 사람들과는 다르게 주먹을 쥔 상태에서 엄지손가락부터 하나씩 펼치면서 숫자를 센다고 합니다. 여러분들도 한번 따라서 해 보세요. ☺

un, une (1 일)　deux (2 이)　trois (3 삼)　quatre (4 사)　cinq (5 오)
six (6 육)　sept (7 칠)　huit (8 팔)　neuf (9 구)　dix (10 십)

➾ 숫자 1은 여성명사와 함께 쓰이는 경우에는 une로 변합니다.

➾ 그 외의 기수와 서수는 부록의 수 형용사 편을 참고.

작문연습 3

1) 그것은 빨간색 자동차입니다.

➾ 색상을 나타내는 형용사들은 음절이 작더라도 항상 명사 뒤에 위치합니다.

2) 그는 파란색 연필을 가지고 있다.

3) 바다는 푸른색입니다.

➾ 주어인칭대명사나 지시대명사 말고 명사가 바로 주어로 오는 구문입니다. 위의 문장에서 바다는 여성 명사이므로 속사로 쓰인 형용사는 주어와 성·수일치를 해야 합니다.

4) 그 집은 흰 색입니다.

5) 장미꽃들은 아름답습니다.

6) 그녀는 유명한 영화배우다.

➾ C'est 구문 + 사람이 오는 경우입니다.

7) 그는 잘 생긴 소년이다.

8) 그 일은 어렵습니다.

9) 가벼운 책상이 여기에 있습니다.

➾ 형태를 나타내는 형용사도 원칙에 따라 무조건 명사 뒤에 위치합니다.

10) 큰 나무가 저기 있고 작은 꽃이 여기 있다.

11) 저기에 빨간색 원피스가 있다.

12) 그는 가난한 남자다.

13) 여기에 사과 다섯 개가 있습니다.
➾ 수 형용사는 명사 앞에 위치하며 관사 없이 바로 명사가 옵니다.

14) 책 두 권과 공책 세 권이 있습니다.

15) 그는 붉은 장미 일곱 송이를 가지고 있다.

16) 우리는 둥근 탁자를 가지고 있다.

17) 저기 한국의 국기가 있다.

18) 이것은 나쁜 책이다.

19) 당신은 좋은 학생이다.

20) 여기에 아름다운 나비 한 마리와 예쁜 꽃들이 있다.
➾ 부정관사 복수 + 형용사 복수 + 명사 복수가 오는 경우에는 부정관사 des가 de로 변함.

voca.

rouge 붉은 색의, la mer 바다, bleu(e) 푸른색의, blanc(che) 흰 색의, une rose 장미, un travail 일, fameux(se) 유명한, léger(ère) 가벼운, une table 테이블, un arbre 나무, ronde 둥근, un drapeau 국기, mauvais(e) 나쁜, bon(ne) 좋은, beau(bel, belle) 아름다운, un papillon 나비

각자 다음에 나오는 신청용지를 한 번 채워 보시기 바랍니다. (Delf A1에서도 자주 볼 수 있는 연습문제입니다. ☺)

Nom, prénom (성, 이름):
Situation de famille (가족사항):
Date de naissance (출생연도):
Lieu de naissance (출생지):
Nationalité (국적):
Adresse (주소):
Adresse électronique (이메일 주소):
Profession (직업):

문샘의 초보자를 위한

기초 프랑스어 문법과 작문

4강

직설법 현재의 주요 동사들

프랑스어를 처음 배울 때 학생들이 가장 어렵게 느끼는 부분이 아마도 동사마다 외어야 하는 동사변화(conjugaison)가 아닐까 싶습니다. 프랑스어 동사는 동사어미의 변화가 규칙적으로 변하는 1군 규칙동사와 2군 규칙동사, 그리고 앞에서 이미 배운 조동사의 경우처럼 동사의 어미가 제각각 변하는 3군 불규칙동사로 나누어져 있습니다.

대부분의 동사들이 속해 있는 1군, 2군 규칙 동사는 어미변화를 외워서 적용하면 되고, 나머지 3군 불규칙동사의 경우는 사전에서 동사를 찾을 때 동사 옆에 나오는 숫자를 이용해서 동사변화표를 보고 변화시키면 됩니다.

3군 동사일 경우에는 단순무식한 방법이긴 하지만 새로운 동사가 나올 때마다 사전을 참고하여 무조건 암기하는 것도 좋은 방법입니다.☺ 사전 뒷부분에 수록되어 있는 동사 변화표의 방대한 양에 미리 기 죽을 필요는 전혀 없습니다. 알고 보면 기초과정의 프랑스어에서 사용하는 동사는 그 수가 많지 않으며 3군 불규칙 동사들의 경우도 나름대로의 규칙을 갖고 변화합니다. 프랑스어를 열심히 공부하다보면 어느 순간 그 규칙들이 눈에 들어오게 될 것입니다.

1) 1군 규칙동사

1군 동사는 **동사어미가 ~er로 끝나는 동사**들이며 전체 동사 중에서 대략 80%에 속하는 많은 동사들이 1군 규칙동사 변화를 합니다. 1군 규칙동사의 변화는 주어에 따라서 어미 ~er가 ~e, ~es, ~e, ~e, ~ons, ~ez, ~ent, ~ent로 변합니다. 다음에 예를 든 동사들의 규칙적인 동사 변화를 참고하며 1군 규칙동사의 현재 변화를 외우도록 합시다.

주어 / 동사	**habiter** 살다	**parler** 말하다	**aimer** 좋아하다	**travailler** 일하다
je	habit**e**(j'habite)	parl**e**	aim**e**(j'aime)	travaill**e**
tu	habit**es**	parl**es**	aim**es**	travaill**es**
il / elle	habit**e**	parl**e**	aim**e**	travaill**e**
nous	habit**ons**	parl**ons**	aim**ons**	travaill**ons**
vous	habit**ez**	parl**ez**	aim**ez**	travaill**ez**
ils / elles	habit**ent**	parl**ent**	aim**ent**	travaill**ent**

habiter나 aimer동사처럼 모음이나 무음 h로 시작하는 동사는 1인칭 단수일 때 j'habite, j'aime처럼 주어인 je와 모음 생략이 이루어집니다.

1군 규칙동사, 2군 규칙동사, 3군 불규칙동사 모두 3인칭 단수와 복수는 남·여성에 상관없이 같은 동사변화를 합니다.

예문 J'habite à Séoul. 나는 서울에서 산다.

Tu parles anglais. 너는 영어를 말한다.

➾ 남성국가 형용사에 정관사를 붙이면 le coréen 한국어, le français 프랑스어처럼 그 나라의 언어가 됩니다. 어떤 외국어를 말한다는 뜻으로 parler 동사와 함께 쓰일 때는 일반적으로 관사를 생략하는 경우가 많습니다.

예문 Vous aimez la musique. 당신은 음악을 좋아합니다.

Nous travaillons le français. 우리는 프랑스어를 공부합니다.

1) 1군 불규칙동사

~er로 끝나는 1군 동사들이지만 발음상의 문제로 인해 어미는 1군 규칙과 같이 변화하지만 단어에 약간의 변화가 오는 동사들이 있습니다. 다음에 나오는 단어들의 예를 통해서 1군 불규칙동사들을 익혀봅시다.

주어 / 동사	appel**er** 이름을 부르다	préf**é**rer 더 좋아하다	man**ger** 먹다	acheter 사다	commencer 시작하다
je	appe**ll**e (m'appelle)	préf**è**re	mange	ach**è**te	commence
tu	appe**ll**es (t'appelles)	préf**è**res	manges	ach**è**tes	commences
il / elle	appe**ll**e (s'appelle)	préf**è**re	mange	ach**è**te	commence
nous	appelons (nous appelons)	préférons	man**geons**	achetons	commen**ç**ons
vous	appelez (vous appelez)	préférez	mangez	achetez	commencez
ils / elles	appe**ll**ent (s'appellent)	préf**è**rent	mangent	ach**è**tent	commencent

예문 Je mange une pomme. 나는 사과를 먹는다.

Elle s'appelle Sophie. 그녀의 이름은 소피입니다.

➾ appeler 동사는 s'appeler 대명동사로 쓰이는 경우에 "이름이 ~이다."라고 쓰입니다. 대명동사는 괄호 안에서처럼 특이하게 변하는데 여기서는 주어에 따라 변화하는 형태를 익히고 자세한 문법적 설명은 ☞ <18강> 대명동사 편을 참고하세요.

예문 Je préfère la mer à la montagne. 나는 산보다 바다를 더 좋아합니다.

Nous mangeons du pain. 우리는 빵을 먹는다.

2) 2군 규칙동사

~ir로 끝나는 2군 규칙 동사는 **어미가 ~is, ~is, ~it, ~it, ~issons, ~issez, ~issent, ~issent**로 변합니다. 다음 동사들의 변화를 살펴볼까요?

주어 / 동사	finir 끝내다	choisir 선택하다	réussir 성공하다
je	fini**s**	choisi**s**	réussi**s**
tu	fini**s**	choisi**s**	réussi**s**
il/ elle	fini**t**	choisi**t**	réussi**t**
nous	fini**ssons**	choisi**ssons**	réussi**ssons**
vous	fini**ssez**	choisi**ssez**	réussi**ssez**
ils/ elles	fini**ssent**	choisi**ssent**	réussi**ssent**

예문 Je finis le travail. 나는 일을 끝낸다.

Tu choisis une robe verte. 너는 초록색 원피스를 선택한다.

Paul réussit à l'examen. 뽈이 시험에 합격하다.

Je grossis un peu. 나는 조금 살이 쪘다.

작문연습 🖉 4

1) 나는 초콜렛을 좋아한다.

➾ 주어 + 완전타동사 + 목적어를 갖는 구문입니다.

2) 삐에르(Pierre)는 프랑스어를 말한다.

3) 그녀는 파리에 산다.

➾ 동사 뒤에 전치사가 함께 오는 경우로 동사를 외울 때에 자주 함께 쓰이는 전치사는 같이 외우도록 합니다. ☞ <6강> 참고.

4) 당신은 불어를 공부한다.

5) 그들은 라디오에서 음악을 듣는다.

➾ 1)번과 같은 3형식 문장에 상황보어가 첨가된 구문입니다.

6) 우리들은 함께 점심을 먹는다.

➾ 주어 + 자동사 구문에 부사가 곁들어진 구문입니다.

7) 내 이름은 장(Jean)입니다.

➾ "이름이 뭡니까?"라는 질문에 대답하는 기초 회화죠? ☺

8) 우리는 책 한 권을 산다.

9) 그녀는 장미꽃을 더 좋아한다.

10)우리들은 초콜렛을 먹는다.

➾ 10)번의 경우와 1)번을 비교해 보세요. 어떤 동사를 사용하느냐(aimer, manger)에 따라서 명사 앞에 놓이는 관사의 사용이 달라집니다.

11) 프랑스인들은 빵을 먹는다.

12) 그들은 정원을 바라본다.

13) 그녀들은 천천히 걷는다.

14) 그는 노래하고 그녀는 춤춘다.

➾ 두 문장을 이어 주는 등위 접속사 et (영어의 and에 해당)를 사용하세요.

15) 나는 친구들을 초대한다.

16) 그는 운동을 끝낸다.

➾ 위의 문장에서는 정관사와 함께 쓰이며 명사가 모음으로 시작하므로 모음을 생략함.

17) 나는 여행을 마친다.

18) 우리들은 세 개의 그림을 선택한다.

19) 당신은 먼저 심사숙고한다.

20) 당신은 그 후에 행동한다.

voca.

un chocolat 초콜렛, aimer 좋아하다, le français 불어, parler 말하다, habiter à ~에 살다, étudier 공부하다, une musique 음악, à la radio 라디오에서, déjeuner 점심을 먹다, ensemble 함께, une rose 장미꽃, manger 먹다, un pain 빵, un jardin 정원, regarder바라보다, lentement 천천히, marcher 걷다, inviter 초대하다, un exercice 운동, finir 끝내다, un voyage 여행, un tableau 그림, choisir 선택하다, d'abord 먼저, réfléchir 심사숙고하다, après 그 후에, agir 행동하다

✐ 전치사 à는 "~에 살다"는 뜻으로 도시를 뜻하는 고유명사 앞에서, "~에(서)"의 뜻을 가지는 장소나 상황을 설명하는 명사 앞에 놓입니다. ☞<12강> 전치사 편 참고.

✐ 일반적으로 부분관사를 취하는 빵이나 초콜렛 같은 물질명사들도 aimer 동사나 préférer 동사 다음에서는 총체적인 의미로서 정관사와 함께 쓰입니다.

문샘의 초보자를 위한

기초 프랑스어 문법과 작문

5강

3군 불규칙동사

어미변화의 규칙만 외우면 되는 1·2군 규칙동사와는 달리 ~re, ~ir, ~oir 등으로 끝나는 3군 불규칙동사는 제각기 변화하므로 일일이 사전을 찾아보며 외워야 합니다. 3군 동사는 전체 동사 중에서 대략 5%정도 되는 적은 부분을 차지하지만 그 중에는 자주 사용되는 동사들이 포함되어 있습니다. 3군 동사 역시 반복해서 외우다보면 나름대로의 규칙을 찾을 수 있으며 여기서는 사용빈도수가 높은 동사들로 14개를 준비해 봤습니다.

3군 동사 중에서는 조동사는 아니지만 동사 다음에 바로 다른 동사원형이 올 수 있는 동사들이 있습니다. pouvoir 동사는 영어의 can과 같은 의미로"~할 수 있다", vouloir 동사는 영어의 want와 같은 의미로 "~을 원하다", devoir는 영어의 must와 같이 "~해야만 한다"는 뜻으로 준 조동사 역할을 하며 faire 동사는 영어의 make와 같은 의미로 사역동사로도 쓰입니다. ☞<6강> 참고. 위에서 예를 든 영어 단어는 프랑스어를 처음 접하는 학생들의 이해를 돕기 위한 것입니다. 한 단어가 여러 가지 의미를 가지는 경우도 많으므로 항상 사전을 찾아보는 습관을 갖는 것이 좋습니다.

주요 3군 동사들의 변화:

주어 / 동사	pouvoir ~할 수 있다	vouloir ~을 원하다	prendre 잡다, 입다, 먹다	faire ~하다	aller 가다	venir 오다
je	peux	veux	prends	fais	vais	viens
tu	peux	veux	prends	fais	vas	viens
il/elle	peut	veut	prend	fait	va	vient
nous	pouvons	voulons	prenons	faisons	allons	venons
vous	pouvez	voulez	prenez	faites	allez	venez
ils/elles	peuvent	veulent	prennent	font	vont	viennent

voir 보다	devoir ~해야 한다	savoir 알다, ~할 줄 알다	partir 떠나다	sortir 외출하다	écrire 쓰다	boire 마시다
vois	dois	sais	pars	sors	écris	bois
vois	dois	sais	pars	sors	écris	bois
voit	doit	sait	part	sort	écrit	boit
voyons	devons	savons	partons	sortons	écrivons	buvons
voyez	devez	savez	partez	sortez	écrivez	buvez
voient	doivent	savent	partent	sortent	écrivent	boivent

예문 Je veux une nouvelle maison. 나는 새로운 집을 원한다.

Tu peux sortir. 너는 외출할 수 있다.

Tu veux sortir. 너는 외출하고 싶어 한다.

➾ pouvoir동사와 vouloir동사 다음에는 모두 동사원형이 바로 올 수 있습니다. 동사에 따라 달라지는 의미의 차이를 느껴보세요. ☺

예문 Il prend sa valise. 그는 여행 가방을 든다.

Elle fait une jupe pour sa fille. 그녀는 딸을 위해서 치마를 만든다.

➾ pour는 전치사로 "~하기 위해서"라는 의미. ☞ <12강> 참고.

예문 Nous allons à l'église. 우리는 교회에 간다.

Vous venez en voiture. 당신은 자동차로 온다.

➾ 전치사 en은 여기서는 교통수단 앞에 쓰여서 "~을 타고 오다"는 의미입니다. 주로 교통수단 안으로 들어가서 타야 하는 자동차나 버스, 비행기 등의 운송수단 앞에 놓입니다.

예문 Ils voient la mer. 그들은 바다를 본다.

Elles doivent finir ce travail. 그녀들은 이 일을 끝내야만 한다.

➾ ce는 지시 형용사임. ☞<7강> 참고.

작문연습 5

1) 나는 외국에서 살 수 있다.

2) 그는 안정된 직장을 원한다.

3) 그녀는 버스를 탄다.

4) 우리들은 일곱 살입니다.
➾ 나이를 표현할 때에는 avoir를 사용하며 두 살부터는 복수로 표현해야 함.

5) 그들은 요가를 한다.
➾ ~운동을 한다는 표현을 할 경우에는 faire + 부분관사 + 운동 명사가 옵니다.

6) 그들은 바캉스를 떠난다.
➾ 바캉스(휴가)는 복수명사로 쓰입니다.

7) 그녀들은 산책을 한다.

8) 우리들은 항상 지하철을 탑니다.
➾ 부사의 위치는 일반적으로 동사 뒤에 오지만 문장의 앞, 뒤에 오는 경우도 있으며 프랑스어에서는 부사의 위치가 비교적 자유로운 편임. ☞ <12강> 참고.

9) 나는 학교에 갑니다.

10) 그녀는 프랑스로 떠난다.
➾ partir 동사는 전치사 pour 와 함께 쓰여 "~로 (~를 향해서) 떠나다."

11) 나는 하얀 집을 본다.

12) 너는 떠나도 된다.

13) 그는 떠나고 싶다.

14) 우리들은 숙제가 많다.

➾ 숙제는 복수명사로 쓰이며 "~이 많은"의 표현은 beaucoup de + 무관사명사입니다.

15) 그녀는 썬글라스를 써야만 한다.

➾ 우리의 눈이 두 개이므로 썬글라스나 안경은 일반적으로 복수명사로 쓰임.

16) 소피(Sophie)는 빌린 책을 돌려준다.

17) 쟝(Jean)은 어머니에게 편지를 쓴다.

18) 그는 밀크커피를 마신다.

19) 우리들은 진실을 말한다.

20) 당신은 파리에 산다.

voca.

vivre 살다, à l'étranger 외국에서, stable 안정된, un emploi 직장, l'autobus 버스, prendre 타다, an나이, un yoga 요가, faire 하다, des vacances 바캉스, une promenade 산책, toujours 항상, un métro 지하철, une école 학교, aller 가다, la France 프랑스, partir 떠나다, pouvoir ~할 수 있다, vouloir ~하고 싶다, devoir ~해야만 한다, des devoirs 숙제, beaucoup de~ ~많은, des lunettes de soleil 썬글라스, mettre 쓰다(입다), emprunté(e) 빌린, rendre 돌려주다, écrire à ~에게 편지를 쓰다, un café au lait 밀크커피, boire 마시다, une vérité 진실, dire 말하다, Paris 파리

✐ 프랑스나 파리 같은 고유명사는 대문자로 시작합니다.

✐ 14)번 문제를 한 번 볼까요? 우리말로는 "많다"지만 프랑스어로 생각하면 "많이 가지고 있다"이므로 동사의 선택에 주의해야 합니다. 이렇듯 우리말 구조를 프랑스어 구문으로 바꿔 생각하는 것이 바로 프랑스어 작문의 시작이자 목표라고 할 수 있습니다.☺

6강

동사원형이 뒤따르는 동사와 구문

동사는 홀로 사용되거나 보어나 속사, 종속절이 그 뒤에 놓이기도 합니다. 또한 동사가 경우에 따라서는 2, 3개씩 사용되는 경우도 있는데 여기서는 **동사(verbe) 다음에 동사원형(infinitif)**을 사용하는 구문들에 대해서 알아보겠습니다.

1) 동사 + 동사원형, 동사 + à + 동사원형, 동사 + de + 동사원형

동사에 따라서 앞에서 배운 준조동사처럼 동사 다음에 바로 동사 원형이 오는 경우와 동사 다음에 전치사 à가 오고 그 다음에 동사 원형이 오는 경우, 그리고 동사 다음에 전치사 de가 온 다음 동사 원형이 오는 경우들이 있습니다.

아래의 동사모음은 기본 과정에서 많이 쓰이는 동사들로 편의상 모아둔 것으로 공부할 때 함께 자주 쓰이는 전치사와 같이 외우면 편리합니다.

바로 동사원형이 오는 동사	전치사 **à**를 동반하는 동사	전치사 **de**를 동반하는 동사
aimer (좋아하다)	s'amuser (즐기다)	accepter (수락하다)
désirer (원하다)	arriver (도착하다)	arrêter (멈추다)
détester (싫어하다)	apprendre (배우다)	choisir (선택하다)
écouter (듣다)	chercher (~애쓰다)	craindre (두려워하다)
espérer (바라다)	habituer (익숙해지다)	décider (결정하다)
faire (하다)	hésiter (망설이다)	se dépêcher (서두르다)

laisser (내버려두다) penser (생각하다) préférer (선호하다) regarder, voir (보다) savoir (알다) sembler (~같아 보이다) souhaiter (바라다) etc.	réussir (성공하다) tenir (~에 애착을 갖다) commencer (시작하다) penser (생각하다) continuer (계속하다) etc.	essayer (노력하다) éviter (피하다) finir (끝내다) oublier (잊다) refuser (거절하다) regretter (유감스럽게 여기다) risquer (위험이 있다) etc.

바로 동사가 오는 경우는 준조동사라고도 불리는 **devoir, pouvoir, vouloir** 동사도 있습니다. ☞<5강 참고>. laisser 동사의 경우는 1군 규칙동사로 "남겨놓다"는 의미를 갖지만 다른 동사원형을 동반하는 경우에는 "내버려두다"는 방임, 회피를 뜻하는 동사가 됩니다. chercher 동사도 1군 규칙동사이며 "찾다"라는 뜻을 가지지만 전치사와 함께 쓰이면 "애쓰다"는 의미로 바뀌는 것처럼 뒤따르는 전치사의 유무에 따라서 뜻이 달라지는 경우가 있으므로 주의하세요.

예문 Elle écoute chanter les oiseaux. 그녀는 새가 노래하는 것을 듣는다.
Tu espères arriver à temps. 너는 제 때에 도착하기를 바란다.
Le bébé commence à parler. 아기가 말을 하기 시작한다.
Il hésite à dire la vérité. 그는 진실을 말하길 망설인다.
Ils acceptent de venir à la maison. 그들은 집에 오는 것을 수락한다.
Nous décidons de partir. 우리는 떠나기로 결정한다.

이 외에도 전치사 de를 동반하는 중요한 avoir 동사구문과 être 동사구문이 있습니다.

avoir besoin de (~을 필요로 하다) **avoir envie de** (~을 원하다) **avoir peur de** (~을 두려워하다)	**être en train de** (~하는 중이다) **être de** (~출신(출처)이다)

예문 J'ai besoin de boire de l'eau. 나는 물을 마실 필요가 있다.
Elle est en train de lire. 그녀는 책을 읽는 중이다.

근접미래와 근접 과거, 비인칭 구문에서도 동사원형이 뒤따릅니다. 여기서는 가까운 미래와 과거를 표현할 때 사용하는 근접미래와 근접과거에 대해 알아봅니다. 비인칭 구문은 ☞<13강> 참조.

2) 근접 미래 : aller + 동사원형 (곧 ~할 것이다)

근접미래란 aller 동사 다음에 바로 동사원형을 두어서 가까운 미래에 곧 일어날 사실을 표현할 때 사용합니다. aller 동사는 원래 "가다"라는 뜻이지만 뒤에 동사원형이 와서 근접미래로 쓰일 때는 "곧 ~할 것이다"로 의미가 변합니다.

예문 Je vais partir pour la France. 나는 곧 프랑스로 떠날 것이다.
Nous allons partir en voyage. 우리들은 곧 여행을 떠날 것이다.

3) 근접 과거 : venir + de 동사원형 (막 ~했다)

근접과거란 venir 동사 + de + 동사원형의 형태를 취하며 가까운 과거에 일어난 사실을 표현할 때 쓰입니다. venir 동사는 원래 "오다"라는 뜻이지만 근접 과거로 쓰일 때는 "조금 전에 ~했다"는 뜻으로 의미가 바뀝니다.

예문 Nous venons de téléphoner à Georges. 우리는 조금 전에 죠르주에게 전화했다.
Il vient d'arriver à Séoul. 그는 막 서울에 도착했다.

근접 미래와 근접 과거는 많이 쓰이며 시제를 표현하는 중요한 구문입니다. 근접 미래 다음에는 전치사 없이 바로 동사원형이 오고, 근접 과거 다음에는 전치사 **de**가 온 후에 동사원형이 온다는 사실을 혼동하지 않도록 꼭 기억하세요.

작문연습 6

1) 그녀는 이해할 수 있다.
➾ 주어 + 동사 + 동사원형을 사용하는 구문입니다.

2) 우리들은 커피를 마시기를 원한다.
➾ 주어 + 동사 + 동사원형 + 목적어를 사용하는 구문입니다.

3) 너는 대답을 해야만 한다.

4) 나는 TV보기를 좋아한다.

5) 나는 뱃놀이하기를 좋아한다.

6) 그는 일을 구하려고 애쓴다.
➾ 주어 + 동사 + à + 동사원형 + 목적어를 사용하는 구문입니다.

7) 우리는 조금 먹을 필요가 있다.
➾ avoir 동사 구문을 사용하세요.

8) 그는 이 제안을 수락하기를 망설인다.

9) 그는 담배를 끊었다.
➾ 주어 + 동사 + de + 동사원형을 사용하는 구문입니다.

10) 그녀는 수영할 줄 안다.

11) 나는 저녁식사를 준비하겠다.
➾ 근접 미래를 사용하는 구문입니다.

12) 우리는 조금 전에 좋은 영화를 보았다.
➾ 근접 과거를 사용하는 구문입니다.

13) 나는 어머니께 편지를 쓰겠다.

14) 나는 방금 흥미로운 소설을 읽었다.

15) 그는 춤출 줄 안다.

16) 나는 프랑스어를 배우고 싶다.

17) 당신은 멋진 차를 사고 싶어 한다.

18) 그들은 열심히 일해야 한다.

19) 우리는 오늘 저녁 외출할 수 있다.

20) 그는 그의 형을 찾으러 갈 수 있다.
➾ 주어 + 동사 + 동사원형 + 동사원형 + 목적어를 사용하는 구문입니다. 위의 문장은 동사가 3개 등장하는 구문으로 첫 동사는 주어에 맞게 변화하고 나머지 동사들을 원형으로 옵니다.

voca.

un bateau 배, une télévision 텔레비전, un café 커피, répondre 대답하다, un peu 조금, accepter 수락하다, une proposition 제안, nager 수영하다, un dîner 저녁식사, préparer 준비하다, un film 영화, une mère 어머니, intéressant(e) 흥미로운, un roman 소설, ce soir 오늘 저녁, un frère 형

7강

지시형용사와 지시 대명사

1) 지시 형용사

지시형용사는 사람이나 사물을 지시하거나 가리킬 때 사용되며 "이~, 저~, 그~"로 해석할 수 있으며 뒤에 지시하는 명사의 성·수에 따라 함께 변해야 합니다.

명사가 지시 형용사와 함께 쓰이는 경우에는 일반적으로 명사 앞에 위치하는 관사는 쓰이지 않습니다. 지시 형용사의 단순형의 형태는 다음과 같습니다.

남성 단수	여성 단수	남·여성 복수
ce, cet	**cette**	**ces**

남성 단수의 경우에는 모음이나 무음 h로 시작되는 명사 앞에서 남성단수 제 2형의 형태인 **cet**를 갖는다는 점에 주의.

예문 Ce piano est neuf. 이 피아노는 새것이다.

Cet examen est facile. 이번 시험은 쉽다.

➾ examen은 남성 단수 명사지만 모음으로 시작하는 단어이므로 ce 대신 지시형용사 남성 2형인 cet가 와야 합니다.

예문 Cette montre est exacte. 이 시계는 정확하다.

Ces valises sont lourdes. 이 여행 가방들은 무겁다.

Il aime cette nouvelle voiture. 그는 이 신형 자동차를 좋아한다.

Elle vient d'acheter cette robe rouge. 그녀는 조금 전에 저 붉은색 원피스를 샀다.

지시 형용사 복합형: 위에서는 지시형용사가 "이~, 저~, 그~"의 뜻으로만 쓰여서 형태가 하나뿐인 단일 형이 쓰였다면, 여기에 **원근의 구별이나 대립을 명시해야할 필요가 있을 경우**에는 아래의 복합형을 사용합니다. 지시형용사 단일형의 형태에 -ci를 붙여서 가까운 것을 나타내며 -là를 붙여서 먼 것을 나타내면 됩니다.

남성 단수	여성 단수	남 · 여성 복수
ce... -ci, cet...-ci	**cette... -ci**	**ces... -ci**
ce... -là, cet...-là	**cette... -là**	**ces... -là**

예문 Ce livre-ci est jaune. Mais ce livre-là est bleu. 이 책은 노란색이다. 그러나 저책은 파란색이다.

Cette femme-ci est française, mais cette femme-là est allemande. 이 여자는 프랑스인이지만 저 여자는 독일인이다.

2) 지시대명사

지시대명사 **Ce**에 대해서도 간략히 알아보고 넘어가도록 할까요? 지시대명사 Ce는 지시형용사와 명사를 함께 지칭하여 "이것, 저것, 그것"을 가리킬 때 사용합니다. 성 · 수 변화가 없는 중성대명사로 **Ce**는 C'est 구문에서 보았듯이 C'의 형태로 모음 생략이 되기도 합니다.

Ce에 **ci**와 **là**를 붙여서 원근을 표시하는 경우에는 **ceci**, **cela**의 형태가 되며 회화체에서 많이 쓰이는 **ça**는 cela의 속어적 표현입니다.

예문 C'est une bonne idée. 그것은 좋은 생각입니다.

Ce sont mes gants. 그것들은 내 장갑입니다.

Tu peux boire ceci, mais tu ne peux pas boire cela. 너는 이것을 마실 수는 있지만 저것을 마실 수는 없다.

지시대명사 ce나 ça가 들어가는 자주 쓰이는 회화체 표현들을 알아볼까요?

예문 Ça va? 잘 지내요?

C'est ça. 바로 그거다.

C'est comme ça, 바로 그렇다.

Comme-ci comme-ça 그럭저럭, à part ça 그것 외에, ça dépend des jours 날에 따라서 다르다, ça suffit 충분하다 etc.

지시대명사가 **이미 제시된 사람이나 사물을 받는 경우**에는 앞에 제시된 사람이나 사물을 가리키는 명사와 성·수를 일치시켜야 하기 때문에 형태가 다음과 같이 변화합니다.

남성단수, 남성 복수	복합형(원근 표현)	여성단수, 여성복수	복합형
celui, ceux	**celui-ci, celui-là**	**celle, celles**	**celle-ci, celle-là**
	ceux-ci, ceux-là		**celles-ci, celles-là**

예문 Ce n'est pas **la voix** de Martin, c'est **celle** de Marc. 그것은 마르탱의 목소리가 아니다. 마크의 목소리이다.

➔ 제시된 목소리를 다시 받는 지시 대명사이다. 목소리가 여성 단수로 쓰였으므로 여성 단순형 지시 대명사인 celle이 온다.

예문 Voici deux lettres: celle-ci vient de Rome, celle-là vient de Londres. 여기 두 통의 편지가 있다. 이 편지는 로마에서 온 것이고 저 편지는 런던에서 온 것이다.

작문연습 7

1) 그는 저 나무를 쳐다본다.

➾ 나무는 모음으로 시작하는 남성 명사입니다.

2) 우리는 이 음반들을 듣는다.

3) 소피는 저 사랑스런 소년을 좋아한다.

4) 나는 이번 주에 부산으로 간다.

➾ 주어 + 동사 + 장소 + 시간을 나타내는 상황보어 구문입니다. 시간을 표현하는 상황보어의 위치는 문장의 앞이나 뒤에 자유롭게 올 수 있습니다.

5) 저 벽시계는 새 것이다.

➾ 주어 + 동사 + 속사(형용사) 구문. 주어의 성·수에 따라서 형용사도 함께 변합니다.

6) 그 남자는 불어를 말한다.

➾ 남자는 무음 h로 시작하는 남성 명사입니다.

7) 우리는 저 별들을 바라본다.

8) 그녀는 그 오페라를 좋아한다.

9) 그는 이 노래를 듣는다.

10) 요즈음 그들은 런던에 있다.

11) 오늘 오후에 나는 장을 보러 가야만 한다.

12) 이번 겨울은 정말로 춥다.

13) 그녀는 이 꽃들을 매우 좋아한다.

14) (멀리 있는) 그 사람은 친절하다.

15) 나는 (가까이 있는) 이 길을 선택한다.

16) 너는 이 이야기를 알고 있다.

17) 올해에 그는 학업을 끝낼 것이다.

18) 그는 그 주소에 산다.

19) 이 책은 소피(Sophie)의 것(책)이다.

20) 여기에 두 여배우가 있다. 나는 이 여배우를 좋아하고 그는 저 여배우를 좋아한다.

voca.

adorable 사랑스런, une semaine 한 주, une horloge 벽시계, une étoile 별, un opéra 오페라, Londres 런던, en ce moment 요즈음, faire les courses 장 보러가다, un hiver 겨울, vraiment 정말로, froid(e) 추운, gentil(le) 친절한, un chemin 길, une histoire 이야기, les études 학업, une adresse 주소

✐ 10)번에서 조동사 être + à 는 "~에 있다", 18)번에서 habiter 동사는 à 와 함께 쓰여 "~에 살다"는 뜻으로 쓰이는 동사구입니다.

✐ 지시형용사 + 시간을 표현하는 명사가 함께 쓰여 "이번의~(시간 표현)"을 표현;
ce mardi (이번 주 화요일), cette semaine (이번 주), cet hiver (이번(올) 겨울) 등.

✐ 일주일과 사계절, 12달의 이름을 알아볼까요?

일주일 une semaine :
월요일 lundi, 화요일 mardi, 수요일 mercredi, 목요일 jeudi, 금요일 vendredi,
토요일 samedi, 일요일 dimanche

계절 une saison :
봄 printemps, 여름 été, 가을 automne, 겨울 hiver

달 un mois :
1월 janvier, 2월 février, 3월 mars, 4월 avril, 5월 mai, 6월 juin,
7월 juillet, 8월 août, 9월 septembre, 10월 octobre, 11월 novembre, 12월 décembre

8강

소유형용사

1) 소유 형용사

소유형용사는 일반 형용사 변화처럼 다음에 오는 명사인 피소유물의 성·수에 따라서 변화합니다. 지시 형용사처럼 소유 형용사도 명사와 함께 쓰이면서 관사를 쓰지 않습니다.

	남성단수	여성단수	남·여성 복수
나의	**mon**	**ma**	**mes**
너의	**ton**	**ta**	**tes**
그의/그녀의	**son**	**sa**	**ses**
우리들의	**notre**	**notre**	**nos**
너희들의/당신(들)의	**votre**	**votre**	**vos**
그들의/그녀들의	**leur**	**leur**	**leurs**

➾ 소유 형용사는 **모음이나 무음 h로 시작하는 단어 앞에서는 여성 명사라도 남성단수의 형태를 쓴다**는 점을 꼭 기억하세요.

소유 형용사를 사용할 때 mon, ton, son...인지는 소유자(주어)에 따라서 정하고 mon, ma, mes...인지는 피소유물(뒤에 오는 명사)의 성·수에 따라 정합니다.

예문 Je mets mon manteau, ma jupe, mes gants. 나는 망토와 치마를 입고 장갑을 낀다.
Tu aimes ta mère, ton père, tes frères. 너는 너의 어머니와 아버지, 형제들을 사랑한다.

Il prend sa bicyclette. 그는 그의 자전거를 탑니다.

Nous faisons notre travail. 우리는 우리의 일을 한다.

Vous rentrez dans vos chambres. 너희들은 너희들의 방으로 들어간다.

Ils écrivent à leur oncle, leur tante, leurs cousins. 그들은 그들의 삼촌과 이모, 사촌들에게 편지를 쓴다.

다음과 같이 소유형용사를 이용해서 문장을 전환할 수 있습니다.

예문 J'ai une idée. 나는 생각이 있다 → C'est mon idée. 그것은 내 생각이다.

Tu as une opinion. 너는 의견이 있다. → C'est ton opinion. 그것은 너의 의견이다.

Il a une adresse. 그는 주소가 있다 → C'est son adresse. 그것은 그의 주소이다.

2) 소유 대명사

소유대명사는 **소유형용사와 그 뒤에 따르는 명사(피소유물)를 함께 가리키는 대명사**이며 앞에 정관사를 붙여줍니다. 이 때 정관사는 성·수에 따라 함께 변합니다.

소유자 / 피소유물	남성단수	여성단수	남성복수/여성복수
나의 것	le mien	la mienne	les miens les miennes
너의 것	le tien	la tienne	les tiens les tiennes
그의 것 그녀의 것	le sien	la sienne	les siens les siennes
우리들의 것	le nôtre	la nôtre	les nôtres
너희들의 것 / 당신(들)의 것	le vôtre	la vôtre	les vôtres
그들의 것 / 그녀들의 것	le leur	la leur	les leurs

예문 ta femme 너의 부인 → la tienne 너의 것(부인)

ses yeux 그(녀)의 눈 → les siens 그(녀)의 것(눈)

leur fils 그들의 아들 → le leur 그들의 것(아들)

C'est ma rue 그것은 내가 사는 거리다. → C'est la mienne.

C'est ton pays 그것은 너의 나라이다. → C'est le tien.

Ce sont nos problèmes 그것은 우리의 문제들이다. → Ce sont les nôtres.

작문연습 8

1) 그는 (그의) 부모님을 바라본다.

➾ 우리말과 달리 프랑스어는 항상 소유의 관계를 분명하게 표시해야 합니다.

2) 너는 그의 전화번호를 안다.

3) 그는 그의 아버지께 전화한다.

4) 그의 사업이 잘되고 있다.

5) 그녀는 짐(들)을 싼다.

6) 그들은 그들의 휴가에 대해 이야기 한다.

➾ parler 동사는 어떤 전치사(à나 de)와 함께 쓰이느냐에 따라서 뜻이 달라지므로 주의.

7) 그녀들은 일을 잘한다.

8) 일요일이면 그들은 야외에서 시간을 보낸다.

9) 나는 항상 그의 주소를 잊어버린다.

10) 그는 부모님께 편지를 쓴다.

11) 그녀는 자신의 직업을 좋아한다.

12) 이것은 그의 접시이다.

13) 나의 누이들은 아직 어리다.

14) 너희 형제들은 키가 크다.

15) 나의 아버지는 선생님이시다.

16) 너의 누이는 아름답다.

17) 그의 질문은 쉽다.

18) 교수가 그의 학생들에게 말한다.

19) 그의 연필들은 빨강색이다.

20) 그들은 그들의 삶이 있고 나는 내 것(나의 삶)이 있다.

voca.

les parents 부모, le numéro de téléphone 전화번호, téléphoner 전화하다, les affaires사업, marcher bien 잘 되다, faire ses bagages 짐을 싸다, parler de~ 에 대해 이야기 하다, les vacances 휴가, un travail 일, passer son temps 시간을 보내다, dehors 밖, 야외, oublier 잊어버리다, toujours 항상, écrire à 편지를 쓰다, un métier 직업, une assiette 접시, encore 아직, être petit(e) 어리다, parler à ~에게 말하다, une question 질문, facile 쉬운, une vie 삶

Delf 작문 연습1

소유형용사는 앞에서 배운 지시형용사와 더불어 아주 많이 쓰이는 형용사라고 할 수 있습니다. 자신의 가족을 소개하는 짧은 글을 이제까지 배운 구문들을 사용해서 한 번 지어볼까요?

예문

클라라가 그녀의 가족에 대해 말합니다.

그녀의 부모님은 아직 젊습니다.

그녀의 아버지는 38세입니다.

그녀의 어머니는 36세입니다.

그녀는 남동생이 한 명 있습니다.

그녀의 남동생은 독서를 좋아합니다.

이것은 그가 좋아하는 책입니다.

클라라는 이 방송을 좋아합니다.

그녀의 부모님들도 역시 이 방송을 좋아합니다.

저녁이 되면 그녀의 남동생은 그가 좋아하는 책을 읽습니다.

클라라와 그녀의 부모님은 그들이 좋아하는 방송을 봅니다.

모든 사람이 만족합니다.

voca.

Clara 클라라, une famille 가족, être jeune 젊다, un petit frère 남동생, une lecture 독서, préféré(e) 좋아하는, une émission 방송, le soir 저녁, lire (책을) 읽다, tout le monde 모든 사람, être content(e) 만족하다

✐ lire(읽다) 동사 변화는 다음과 같습니다. 새로운 동사가 나올 때마다 부지런히 외우다보면 처음에 어렵게 느껴지던 프랑스어가 훨씬 쉽고 편안하게 다가올 겁니다.

☺ je lis, tu lis, il lit, nous lisons, vous lisez, ils lisent

9강

부정문과 의문문

1) 부정문

가장 일반적인 부정문은 **ne~pas** 부정문으로 문장의 동사 앞에 **ne**, 동사 뒤에 **pas**를 동시에 넣어서 만듭니다. ne와 pas는 부정의 부사이며 <~이 아니다>라는 의미로 쓰입니다.

모음이나 무음의 h로 시작하는 단어 앞에서는 **ne**가 모음 생략이 되어서 **n'**가 됩니다.

	être	avoir	parler	finir
je	**ne** suis **pas**	**n'ai pas**	ne parle pas	ne finis pas
tu	n'es pas	n'as pas	ne parles pas	ne finis pas
il/elle	n'est pas	n'a pas	ne parle pas	ne finit pas
nous	ne sommes pas	n'avons pas	ne parlons pas	ne finissons pas
vous	n'êtes pas	n'avez pas	ne parlez pas	ne finissez pas
ils/elles	ne sont pas	n'ont pas	ne parlent pas	ne finissent pas

예문 Je n'aime pas la musique. 나는 음악을 좋아하지 않는다.
Nous ne sommes pas français. 우리는 프랑스인이 아니다.
Ce n'est pas un timbre. 그것은 우표가 아니다.
Il n'a pas la balle de Pierre. 그는 삐에르의 공을 가지고 있지 않다.

회화에서는 ne가 생략되어 발음되는 경우가 많습니다. 또한 <~이 아니다>라는 뜻을 가지는 pas 대신에 다음과 같은 부정사를 사용하여 부정의 표현을 대신할 수도 있습니다.

예문 Il **n'**est **jamais** content. 그는 **결코** 만족**하지 않는다.**

Je **n'**aime **plus** ces fleurs. 나는 **더 이상** 이 꽃들을 좋아**하지 않는다.**

Elle **n'**aime **point** les sports. 그녀는 스포츠를 **조금도** 좋아**하지 않는다.**

Je **n'**aime **ni** le jazz **ni** la musique classique. 나는 재즈**도** 고전음악**도** 좋아**하지 않는다.**

Je **ne** suis **pas encore** fatigué. 나는 **아직** 피곤**하지** 않다.

Elle **n'**est **pas toujours** heureuse. 그녀는 **항상** 행복**하지는 않다.**

J'espère **ne pas** voyager seul(e). 나는 혼자 여행하지 **않게** 되기를 바란다.

➾ 동사원형을 부정하는 경우에는 동사원형 앞에 ne pas를 같이 놓습니다.

Elle entre **sans** frapper. 그녀는 노크를 하지 **않고** 들어온다.

➾ sans은 "~없이"라는 부정의 뜻을 가진 단어로 동사원형이나 명사가 올 수 있다.

부정문에서는 직접목적어 앞에 놓이는 부정관사나 부분관사가 <de>로 변하는데 이것을 흔히 **부정의 <de>**라고 합니다.

예문 Elle a **un** visa. 그녀는 비자가 있다. → Elle n'a pas **de** visa. 그녀는 비자가 없다.

Ils ont **de l'**argent. 그들은 돈이 있다. → Ils n'ont pas **d'**argent. 그들은 돈이 없다.

➾ 부정의 de가 argent의 a와 모음 생략이 되어 d'argent이 됨.

2) 의문문

프랑스어는 의문문을 만드는 세 가지 방법이 있습니다.

① 간단하게 문장 마지막에 물음표를 넣고 끝부분의 억양을 높여주는 것으로 주로 일상 회화에서 많이 사용됩니다.

Tu es français? 너는 프랑스인이니?

Vous aimez cette fleur? 당신은 이 꽃을 좋아하십니까?

② Est-ce que를 사용하는 의문문으로 어떤 문장이든 긍정문 앞에 Est-ce que를 붙이기만 하면 의문문이 되므로 est-ce que 의문문이라고 불리며 일반적으로 많이 사용됩니다.

Est-ce que tu es français? 너는 프랑스인이니?

Est-ce que vous aimez cette fleur? 당신은 이 꽃을 좋아하십니까?

③ 문장의 주어와 동사의 위치를 바꿔주는 의문문으로 주어와 동사의 위치를 도치시키고 "-" 표시로 알려주는 도치 의문형이 있습니다.

Es-tu français? 너는 프랑스인이니?

Aimez-vous cette fleur? 당신은 이 꽃을 좋아하십니까?

➾ 도치 의문문인 경우 주어가 주어인칭 대명사(je, tu...)나 지시대명사 ce, 부정대명사on이 아니고 고유명사가 올 경우에는 주어에 해당하는 인칭대명사와 동사를 도치해서 의문문을 만들어야 합니다. 주어가 3인칭 단수이고 동사가 모음인 경우에는 도치 시에 발음상의 이유로 -t-를 첨가합니다.

Pierre a-t-il des timbres? 삐에르는 우표를 가지고 있습니까?

의문문에 대답할 때는 **긍정일 경우에는 Oui**로, **부정일 경우에는 Non**으로 답합니다.

Tu es français? 너는 프랑스인이니?

긍정일 경우; Oui, je suis français. 네. 저는 프랑스인입니다.

부정일 경우; Non, je ne suis pas français. 아니오. 저는 프랑스인이 아닙니다.

작문연습 9

1) 너는 진실을 말하지 않는다.

2) 그녀는 그 문제를 이해하지 못한다.

3) 우리들은 일본어를 말하지 못한다.

4) 당신은 절약을 하지 않는다.

5) 그 집은 크지 않다.

6) 그는 책도 사전도 가지고 있지 않다.

7) (그) 아기는 더 이상 울지 않는다.

8) 이 아이는 아직 말을 하지 못한다.

9) 당신은 이해하지 못하는 것을 싫어한다.

10) 그는 돈을 내지 않고 떠난다.

11)~13) 끝에 물음표만 붙여주는 의문문으로 만들기.

11) 그녀는 학생입니까?

12) 너희들은 연필(들)을 가지고 있니?

13) 당신은 한국인입니까?

14)~16) est-ce que 의문문으로 만들기. est-ce qu'il처럼 모음 생략이 됨.

14) 당신은 연극을 좋아하십니까?

15) 상점들이 있습니까?

16) 이것은 의자들입니까?

➩ Ce sont은 도치형으로는 오지 못하고 **Est-ce que ce sont**으로 의문문을 만들어야 함.

17)~19) 도치형으로 의문문 만들기

17) 이 소녀를 사랑하니?

18) 클래식 음악을 좋아하십니까?

19) 마리(Marie)는 연극을 좋아합니까?

20) 당신은 한국인이 아니십니까?

➩ 부정의문문은 의문문을 만들고 ne pas로 감싸주면 됩니다. 부정의문문에서는 긍정일 경우에는 **si**로, 부정일 경우에는 **non**으로 답합니다.

voca.

dire la vérité 진실을 말하다, comprendre 이해하다, un problème 문제, faire des économies 절약하다, un dictionnaire 사전, un bébé 아기, pleurer 울다, détester 싫어하다, payer 돈을 내다, un théâtre 연극, une boutique 상점, une chaise 의자, une fille 소녀, une musique 음악

- comprendre 동사는 동사 안에 prendre 동사가 포함되어 있지요? 이런 동사를 "내 안에 너 있다 동사 😁"로 부르면 어떨까요? 동사변화가 prendre 동사와 같이 변한답니다. 어느 드라마의 유명한 대사였죠? "내 안에 너 있다!"를 생각하며 이런 동사들은 같은 동사변화를 한다는 점을 기억해 두면 편리합니다.

- prendre 동사가 들어있는 다른 동사로는 ap**prendre**(배우다), re**prendre**(다시 취하다, 되찾다) 동사도 있습니다.

- 또 다른 예로 venir(오다)동사와 de**venir**(~이 되다), re**venir**(다시 오다)동사도 모두 venir동사와 같은 변화를 합니다.

- "다시, 반복"의 의미를 갖는 접두사re~가 붙으면 모두 "내 안에 너 있다 동사😁"이므로 re~가 붙기 전의 동사와 당연히 같은 변화를 합니다. 이런 식으로 분류해서 공부하면 복잡한 3군 동사들이 한결 간편해집니다. **예** dire (말하다) → redire (다시 말하다)

- 새롭게 등장하는 동사들 중에서 ~er로 끝나는 1군 규칙동사와 ~ir로 끝나는 2군 규칙 동사는 규칙을 활용해 바로 동사 변화시키면 됩니다. 3군 불규칙 동사 중에서는 ☞<5강>에서 공부하지 않은 3군 동사들에 한해서 앞으로 <작문연습>에 등장하는 순서대로 동사변화를 해 놓으니 참고하세요.

- dire(말하다) 동사 변화는 다음과 같습니다. (2인칭 복수변화에 주의)
  je dis, tu dis, il dit, nous disons, vous dites, ils disent

10강

의문 형용사와 의문부사

<10강>과 <11강>에서는 의문 형용사와 의문부사, 의문대명사를 통해서 의문문을 나타내는 다양한 표현과 구문들을 배우도록 합니다.

1) 의문형용사

"어떤~, 무엇~"이라는 뜻으로 의문을 나타낼 때 (회화에서) 많이 사용됩니다. 성·수에 따라서 형태에 변화가 오지만 발음은 변하지 않으며 속사로 때로는 감탄사로도 사용될 때가 있습니다.

남성단수	남성복수	여성단수	여성복수
quel	**quels**	**quelle**	**quelles**

의문 형용사+명사인 경우 뒤에 나오는 명사의 성·수에 맞추어 의문형용사를 사용하면 됩니다. 이 때 주어 동사는 주로 도치됩니다.

예문 Quel livre aimez-vous? 당신은 어떤 책을 좋아하세요?
Quel âge as-tu? 너는 몇 살이니?
Quelles langues parlez-vous? 어떤 언어들을 말하십니까?

동사의 속사로 쓰인 경우에는 주어와 성·수일치를 합니다.

예문 Quel est ton numéro de téléphone? 너의 전화번호는 뭐니?

Quels sont ces livres? 이 책들은 무엇입니까?

Quelle est cette fleur? 이 꽃은 무엇입니까?

의문형용사 + 명사로만 구성해서 감탄문을 만듭니다.

예문 Quelle joie! 참 기쁘구나!

Quelle mémoire! 기억력이 대단하구나!

2) 의문부사

Où(어디서), **Quand**(언제), **Combien**(얼마나), **Comment**(어떻게), **Pourquoi**(왜)와 같은 표현을 할 때 쓰입니다. ☞ Qui(누가), Que(무엇을)은 <12강 의문대명사>편 참고.

의문부사가 쓰이는 문장에서는 일반적으로 주어, 동사의 도치가 이루어집니다. 하지만 의문부사 다음에 **est-ce que를 넣어서 문장**을 만들 수도 있는데 이 경우에는 도치 없이 **주어 + 동사 순서**대로 옵니다.

① Où : 장소에 관한 의문을 나타낼 때, "어디서"

예문 Où est Paul? 뽈은 어디 있습니까?

Où **est-ce que** vous allez? 어디 가십니까?

D'où venez-vous? 어디에서 오셨습니까?

➾ d'où ; "어디에서"라는 뜻으로 전치사 de와 함께 쓰이고 모음 생략됨.

② Quand : 시간을 뜻할 때, "언제"

예문 Quand pars-tu? 언제 떠나니?

Quand **est-ce que** tu pars?

Depuis quand **est-ce qu'**il est en France? 그는 언제부터 프랑스에 있습니까?

➾ depuis quand ; "언제부터, ~이래로"라는 표현을 쓸 때, 동사시제는 영어와는 달리 현재를 씁니다.

③ Combien : 수량을 나타낼 때, "얼마나"

예문 Combien coûte ce parfum? 이 향수는 얼마입니까?

Combien de frères as-tu? 너는 형제가 몇 명이나 되니?

➾ Combien de + 복수명사 ; 영어의 how many, how much와 같은 의미.

④ Comment : 방법이나 양태를 나타낼 때, "어떻게"

예문 Comment trouvez-vous cette voiture? 이 자동차 어떻습니까?

Comment est-elle? 그녀는 어떤 사람입니까?

➾ 다음과 같은 기초 회화 표현은 외워두면 좋겠죠?☺

Comment allez-vous? 안녕하세요?

Comment vous appelez-vous? 이름이 무엇입니까?

⑤ Pourquoi : 이유를 물을 때, "왜"

예문 Pourquoi allez-vous à la poste? 당신은 우체국에 왜 가십니까?

Pourquoi **est-ce que** vous allez à la poste?

Parce que je dois envoyer une lettre à ma mère. 왜냐하면 어머니께 편지를 보내야만 하기 때문입니다.

➾ **pourquoi 의문문에는 parce que로 대답**해야 합니다.

➾ 주어가 일반명사인 경우 의문사가 있는 의문문에서는 주어, 동사 도치만 하고 복합 도치형을 하지 않아도 됩니다. 그러나 직접목적어가 오거나 pourquoi 의문문일 경우에는 복합도치형을 해줘야 합니다.

Quand Paul commence-t-il son cours? 뽈은 언제 수업을 시작합니까?

Pourquoi Sophie pleure-t-elle? 소피는 왜 웁니까?

작문연습 10

1) 이 나무는 무엇입니까?

2) 당신은 어떤 새를 좋아하십니까?

3) 너의 이름은 무엇이니?

4) 몇 시입니까?

5) 당신의 계획들은 무엇입니까?

6) 오늘은 무슨 날입니까?

7) 그(녀)의 주소가 어떻게 됩니까?

8) 한 주일의 첫 번째 날은 무슨 날입니까?
➾ 서수 형용사는 수 형용사 부록 편을 참고.

9) 몇 시에 식사를 하십니까?
➾ 몇 시에는 몇 시를 뜻하는 quelle heure앞에 전치사 à를 써서 **à quelle heure**임.

10) 수업이 몇 시에 시작합니까?

11) 너의 아들은 어디 있니?

12) 어디 가십니까?

13) 그녀는 어디에서 왔니?

14) 연필을 몇 자루나 갖고 있니?

15) 당신은 일을 언제 끝냅니까?

16) 당신은 언제부터 파리(Paris)에 있습니까?

17) 그는 어떤 사람입니까?

18) 이 아파트를 어떻게 생각하십니까?

➾ trouver 동사는 "찾다"라는 뜻 외에도 "~을 ~라고 생각하다, 여기다" 는 뜻으로도 많이 쓰입니다. 주어 + 동사 + 목적어 + 속사(목적보어)를 갖는 5형식 문장 구문을 이끕니다.

19) 그녀는 왜 물을 찾습니까?

20) 그녀가 목이 마르기 때문입니다.

voca.

un arbre 나무, un oiseau 새, un prénom 이름, une heure 시간, un projet 계획, aujourd'hui 오늘, un jour 날(일), une adresse 주소, une semaine 주일, premier(ère) 첫 번째, un repas 식사, une classe 수업(교실), commencer 시작하다, un appartement 아파트, une eau 물, avoir soif 목이 마르다

✐ 20)번의 예문에 나오는 "목마르다 avoir soif"처럼 avoir + 무관사 명사로 표현되는 avoir 동사 구문들이 있습니다. 외워두면 좋겠죠?☺

avoir faim 배고프다, avoir froid 춥다, avoir chaud 덥다, avoir honte 부끄럽다,

avoir peur 두렵다, avoir raison 옳다, avoir tort 틀리다.

다음은 쌩텍쥐페리 Saint-Exupéry의 "어린왕자 le Petit Prince"에 나오는 숫자에 집착하는 어른들에 관한 유명한 예화입니다. "어린왕자"의 발췌문을 읽으면서 괄호 안에 알맞은 의문형용사와 의문 부사를 넣어보세요.

"Les grandes personnes aiment les chiffres. Quand vous leur parlez d'un nouvel ami, elles ne vous questionnent jamais sur l'essentiel. Elles ne vous disent jamais: «(   )est le son de sa voix? (   ) sont les jeux qu'il préfère? (   )il collectionne les papillons?» Elles vous demandent: (   ) âge a-t-il? (   ) a-t-il de frères? (   ) pèse-t-il? (   ) gagne son père?» Alors seulement elles croient le connaître."

독해하면 다음과 같습니다.

어른들은 숫자를 좋아한다. (당신이) 그들에게 새로 사귄 친구 이야기를 하면 어른들은 제일 중요한 것에 대해서는 (결코) 묻지 않는다. 어른들은 (당신에게) 다음과 같은 질문은 하지 않는다. "그 친구의 목소리는 어떠냐? 무슨 놀이를 좋아하냐? 나비를 수집하냐?" 어른들은 다음과 같이 묻는다. "나이가 몇이냐? 형제가 몇 명이냐? 몸무게가 얼마냐? 그 친구의 아버지는 얼마나 버느냐?" 그제야 겨우 어른들은 그 친구를 안다고 생각한다.

➔ 괄호 순서대로 ; Quel, Quels, Est-ce que(qu'), Quel, Combien, Combien, Combien

11강

의문대명사

의문대명사는 변화하지 않는 것과 변화하는 것으로 나누어지는데 여기서는 변화하지 않는 것을 중심으로 배우고 변화하는 의문대명사는 개념만 이해하고 넘어가도록 합니다.

1) 변화하지 않는 의문대명사

의문대명사는 영어의 who나 what처럼 "누가", "무엇을" 나타낼 때 쓰는 것으로 단순형과 est-ce que을 넣어주는 중복형이 있습니다. 차이는 주어, 동사의 도치 여부입니다.

① "누가"를 뜻하는 **사람이고 주어일 때는 qui**, 또는 **qui est-ce qui**를 사용합니다.

예문 **Qui** frappe la porte? 누가 문을 두드립니까?

Qui est-ce qui frappe la porte?

② **사람이고 속사나 직접보어로 쓰일 때는 qui**, 또는 **qui est-ce que**를 사용합니다.

예문 **Qui est-ce**? 이 사람은 누구입니까?

Qui est-il? 그는 누구입니까?

Qui est-ce qu'il est?

③ 사람이고 간접보어나 상황보어로 쓰인 경우에는 문장에 따른 **전치사 + qui** 또는 **전치사 + qui est-ce que**를 사용합니다.

예문 A qui pensez-vous? 당신은 누구를 생각하십니까?
A qui est-ce que vous pensez?

④ "무엇이"를 나타내는 **사물이고 주어**로 쓰인 경우에는 단순형이 없고 Qu'est-ce qui 중복형 하나만 쓰입니다.

예문 Qu'est-ce qui est important? 무엇이 중요합니까?

⑤ "무엇을" 뜻하는 **사물이고 속사나 직접보어**로 쓰일 경우에는 **que** 또는 **qu'est-ce que**를 사용합니다.

예문 **Qu'est-ce que c'est**? 이것은 무엇입니까?
Que préférez-vous? 무엇을 더 좋아하십니까?
Qu'est-ce que vous préférez?
Qu'est-ce que tu penses de ça? 그것에 대해 어떻게 생각하니?

⑥ **사물이고 간접보어나 상황보어**로 쓰일 때는 **전치사 + quoi** 또는 **전치사 + quoi est-ce que**를 사용합니다.

예문 A quoi penses-tu? 너는 무슨 생각을 하니?
A quoi est-ce que tu penses?

2) 변화하는 의문대명사

영어의 which와 같은 용법으로 두 개 이상에서 "어느 것"을 선택하는 의미를 가질 때 사람, 사물에서 함께 사용합니다. 형태는 정관사와 의문형용사가 합쳐진 형태입니다. 선택한 (대)명사에 따라서 성·수가 변화하며 문장에 따라서 전치사 à나 de가 함께 쓰이는 상황에서는 전치사와 관사의 축약이 이루어진 형태가 옵니다.

	남성단수	남성복수	여성단수	여성복수
	lequel	**lesquels**	**laquelle**	**lesquelles**
전치사 à와 함께	auquel	auxquels	à laquelle	auxquelles
전치사 de와 함께	duquel	duquels	de laquelle	desquelles

예문 Voici trois chansons. Laquelle préfères-tu? 세 곡의 노래가 있다. 너는 어느 노래를 더 좋아하니?

Lequel de ces parfums est le plus cher? 이 향수들 중에서 어느 것이 가장 비쌉니까?

작문연습 11

1) 너 뭐 하니?

➾ 의문대명사 단순형과 est-ce que를 넣는 중복형 중에서 학습자가 더 편하게 느껴지는 것으로 자유롭게 사용하면 됩니다.

2) 당신은 누구십니까?

3) 당신은 무엇을 원하십니까?

4) 누가 넘어지나요?

5) 당신은 누구를 돕습니까?

6) 너는 누구를 생각하니?

➾ penser à + 사람, 사물; ~에 대해서 생각하다.

7) 너는 무엇을 생각하니?

8) 이 친구들 중에서 너는 누구를 좋아하니?

9) 이 소녀들 중에서 그는 누구를 생각하니?

10) 공부하기와 잠자기에서 너는 어느 것을 선택하느냐?

Delf 작문연습 2 (편지1):

초급과정 Delf 작문 시험에는 짧은 편지나 이메일 쓰기가 자주 나옵니다. 기초적인 작문으로 구성된 예시를 하나 두었습니다. (참고하여 여러분의 개성이 드러나는 다양한 작문에 도전해 보세요.) 근사한 휴양지에 와서 휴식을 취하고 있다고 상상해보세요.☺ 멋진 관광엽서를 사서 친구에게 짧은 편지를 보내볼까요?

클라라, 안녕?

나는 지금 니스(Nice)에 있어.

부모님과 함께 휴가를 보내고 있어.

이곳에는 바다와 산도 있고 미술관도 많아.

너는 무엇을 좋아하니?

나는 바다를 좋아해.

하지만 거기에는 관광객들이 많아.

나는 오늘 오후에 세잔느의 그림들을 보러 미술관에 갈 거야.

그럼, 안녕.

소피가.

voca.

maintenant 지금, être à ~에 있다, passer (ses) vacances 휴가를 보내다, une mer 바다, une montagne 산, un musée 미술관, touriste 관광객, un tableau 그림

프랑스어에서는 편지를 보낼 때 수신자와 어떤 관계인지에 따라서 시작과 끝인사가 달라집니다. 크게 친구 사이, 안면이 있는 사이, 모르는 사이로 나누어 관용적으로 많이 쓰이는 표현을 적어봤으니 참고하세요.

- 친구사이에 쓰는 편지 앞머리에는 "보고 싶은 ~에게" 해당하는 영어의 dear의 의미를 갖는 cher, 여자인 경우에는 여성형인 chère를 쓰고 이름을 쓰면 됩니다.

- "안녕"은 Bonjour 외에도 Salut 라는 표현을 많이 쓰며 편지 마지막 인사로서의 "안녕"은 주로 Je t'embrasse나 bisous라는 표현을 많이 사용합니다.

- 어른에게 보내는 편지나 안면이 있지만 조금 예의를 차리는 경우에는 서두에 주로 Cher(ère) Monsieur(Madame, Mademoiselle), 편지 끝인사로는 Je vous embrasse, Cordialement 등의 표현을 씁니다.

- 모르는 사이거나 예의를 지키고 직위를 붙여야 하는 경우에는 서두에, Monsieur le Professeur 등의 표현으로, 마지막 인사로는 Veillez agréer, Monsieur le professeur, l'expression de mes sentiments distingués 등의 표현을 의례적으로 사용합니다.

문샘의 초보자를 위한

기초 프랑스어 문법과 작문

12강

부사와 전치사

1) 부사

부사는 다른 부사나 형용사, 동사, 문장 전체를 수식해주며 형태는 변하지 않습니다. 부사의 위치는 비교적 자유로운 편으로 동사를 수식할 경우에는 동사 뒤에 놓이며 형용사나 부사를 수식할 때는 바로 그 앞에 놓이고 문장 전체를 수식할 때는 문장의 맨 앞이나 뒤에 오기도 합니다. 또한 복합 시제일 경우에 **“souvent 자주, toujours 항상, bien 잘, déjà 벌써, beaucoup 많이” 등의 부사는 조동사와 과거분사 사이에 위치**하기도 합니다.

| 부사 만들기 : 형용사의 여성형 + ment |

	형용사 남성형	형용사 여성형	부사
1) 기본 : **형용사 여성형 + ment**	fort 강한 doux 부드러운	forte douce	forte**ment** 강하게 douce**ment** 부드럽게
2) 끝이 모음으로 끝나는 형용사 + **ment**	joli 예쁜		**joliment** 예쁘게
3) ~ant → amment ~ent → emment	suffis**ant** 충분한 prud**ent** 신중한		suffisamment 충분하게 prudemment 신중하게
4) 조금 달라지는 경우	gentil 친절한 profond 깊은 précis 구체적인		gentiment 친절하게 profondément 깊게 précisément 구체적으로

예문 Nous travaillons **beaucoup**. 우리는 공부를 많이(열심히) 합니다.

Isabelle est **très** jolie. 이자벨은 매우 예쁩니다.

Je vais **très** bien. 저는 아주 잘 지냅니다.

Heureusement, j'habite près de l'école. 다행히도 나는 학교 근처에 산다.

Il est **déjà** parti. 그는 벌써 떠났다.

➾ 조동사 + 과거분사가 오는 복합시제는 <16강> 복합과거 편을 참조.

2) 전치사

전치사는 주로 명사나 동사원형 앞에 놓여서 다른 단어와의 관계를 연결시키는 역할을 합니다. 많이 쓰이는 부사 몇 가지를 정리해서 알아보겠습니다.

전치사의 형태는 변하지 않습니다. 다만 전치사 à 와 de 는 정관사와 부분관사 앞에서 축약이 됩니다. ☞ <1강>에서 관사 편을 참고.

① **à** : "~에, ~하기 위한" 등의 의미로 방향이나 시간, 용도, 목적, 위치, 장소 등의 뜻으로 쓰이고 동사원형을 직접보어로 연결할 때도 사용합니다.

예문 Elle achète une **tasse à café**. 그녀는 커피잔 하나를 산다.

➾ 커피를 마시기 위한 잔으로 용도를 나타내는 경우. 커피 한 잔은 une tasse de café로 표현.

예문 Il pense à son avenir. 그는 그의 미래에 대해 생각한다.

Elle aime à lire. 그녀는 독서하는 것을 좋아한다.

Tu habites à Séoul. 너는 서울에 산다.

➾ 도시나 남성국가 앞에서는 전치사 à를 쓰고 여성 국가 앞에서는 전치사 en을 씁니다.

② **de** : "~의, ~에서"의 의미로 소유나, 소속, 기원, 방법, 재료 등의 뜻으로 쓰이며 명사나 형용사를 한정해주거나 연결해주고 동사원형을 직접보어로 연결해줍니다.

예문 Il vient de la Corée: 그는 한국에서 왔다.

Il a l'amour **de** la partrie. 그는 조국애(조국에 대한 사랑)가 있다.

➾ l'amour de la partrie는 여기서 de는 목적을 나타내며 명사와 한정보어를 연결시킴.

예문 Paul est le cousin de ma mère. 뽈은 어머니의 사촌이다.

Le bébé cesse de pleurer. 아기가 우는 것을 그쳤다.

③ **en** : 구체적 장소나 추상적, 비유적인 장소나 영역 앞에서 "~의 안으로"의 의미로, 시간이나, 상태, 형상, 복장 등의 표현 앞에서도 쓰입니다.

예문 Je suis en Angleterre. 나는 영국에 있다.

Nous croyons en Dieu. 우리는 하나님을 믿는다.

Barbara s'habille toujours en noir. 바르바라는 항상 검정 옷을 입는다.

Elle a des amis en Corée et en France. 그녀는 한국과 프랑스에 친구들이 있습니다.

➾ à, de, en은 반복하고 다른 전치사들은 일반적으로 반복하지 않습니다.

④ pour : "~으로, ~을 위해서"의 의미로 행선지나 목적, 용도, 기회 등의 뜻으로 쓰이며 결과, 원인, 양보, 자격의 뜻으로도 다양하게 쓰입니다.

예문 Je pars pour la France. 나는 프랑스로 떠난다.

C'est un cadeau pour vous. 이것은 당신을 위한 선물입니다.

On travaille pour gagner de l'argent. 사람들은 돈을 벌기 위해서 일한다.

⑤ **dans** : "~에, ~안(속)에"의 의미로 장소, 시간, 사정, 양태, 직업 등의 뜻으로 쓰입니다.

예문 Il est dans la chambre. 그는 방 안에 있다.

Ce petit garçon est dans la misère. 이 어린 소년은 가난하다.

Il est dans le commerce. 그는 상업에 종사한다.

⑥ **avec** : "~와 함께, ~을 가지고"의 뜻으로 동반이나 편을 나타내거나 동시, 소유, 양태 등의 뜻으로 쓰입니다.

예문 Elle vient avec son mari. 그녀는 남편과 같이 온다.

Je pense comme vous. 나도 당신과 같이 생각합니다.

Je fais ce travail avec plaisir. 나는 이 일을 기쁘게 합니다.

3) 전치사구 : 두 개 이상의 전치사가 함께 쓰여 주로 상황보어를 연결합니다.

jusqu'à ~까지, **à côté de** ~의 옆에, **près de** ~가까이에, **loin de** ~멀리 등.

예문 Tu dois marcher jusqu'au carrefour. 너는 교차로까지 걸어가야 한다.

Mon père s'assied à côté de ma mère. 아버지께서 어머니 옆에 앉으신다.

J'habite près de l'école. 나는 학교 근처에 삽니다.

La banque est loin de la gare. 은행은 역에서 멀리 있다.

작문연습 12

1) 우리는 매우 만족한다.

2) 그는 몹시 아프다.

3) 그녀는 일을 잘한다.

4) 너는 정말 내일 떠나니?

5) 나는 음악을 매우 좋아한다.

➾ 주어 + 동사 + 속사, 주어 + 동사 + 목적어 등의 단순한 구문들이 부사와 함께 쓰이면서 표현이 더 구체적이고 다양해집니다.

6) 그녀는 꽤 자주 극장에 간다.

7) 커피가 아주 따뜻하다.

8) 당신은 너무 빨리 운전한다.

9) 개는 밖에서 잔다.

10) 이 정원에는 사방에 꽃들이 있다.

➾ 부사는 문장 내에서 비교적 자유롭게 위치합니다.

11) 그녀는 어머니를 생각한다.

12) 삼촌이 대전에서 오신다.

13) 그의 아버지는 중국에 계신다.

14) 그는 아들과 함께 테니스를 친다.
➾ voca. 참고.

15) 그는 그의 가족을 위해 일한다.

16) 삐에르(Pierre)는 그의 사무실에 있다.

17) 눈이 내일까지 내릴 것이다.
➾ 근접미래로 표현해 보세요.

18) 클라라는 역에서 먼 곳에서 산다.

19) 네 책이 내 자동차 위에 있다.

20) 불어 사전이 책상 아래에 있다.
➾ sur ~위에, sous ~아래에.

voca.

être content(e) 만족하다, être malade 아프다, gravement 몹시, assez souvent 꽤 자주, conduire 운전하다, dormir 자다, partout 사방에, un oncle 삼촌, la Chine 중국, jouer au tennis 테니스를 치다, une famille 가족, un bureau 사무실, une neige 눈, demain 내일, un dictionnaire de français 불어 사전, une table 책상

14)번에서 "테니스를 치다"는 jouer 동사를 가지고 표현합니다. "Jouer"동사는 원래 "놀다, 장난하다, 연기하다 등"의 의미지만 함께 쓰이는 전치사에 따라서 쓰임이 달라집니다.

1) jouer à + 정관사 + 운동이름 : ~ 운동을 하다

예 jouer au tennis (테니스를 치다), au는 전치사 à + 정관사 남성 단수의 축약.

2) jouer de + 정관사 + 악기 이름 : ~악기를 연주하다

예 jouer du piano (피아노를 연주하다), du는 전치사 de + 정관사 남성 단수의 축약.

conduire (운전하다)의 동사 변화는 다음과 같습니다.

je conduis, tu conduis, il conduit, nous conduisons, vous conduisez, ils conduisent

dormir (자다)의 동사 변화는 다음과 같습니다.

je dors, tu dors, il dort, nous dormons, vous dormez, ils dorment

국가 이름은 대륙별로 정리해 놓은 부록을 참고.

문샘의 초보자를 위한

기초 프랑스어 문법과 작문

13강

비인칭 구문

비인칭 구문은 3인칭 단수인 il을 주어로 하며 3인칭 단수 동사변화를 갖습니다. 이때 il은 형식상의 주어이므로 뜻을 갖지 않으며 시간이나 날씨 등을 표현할 때 쓰이는 구문입니다. 비인칭 구문은 전치사 de다음에 동사원형이나 명사(절)이 오는 경우도 있는데 자주 쓰이는 구문을 외워두면 회화나 작문에서 유용하게 사용할 수 있습니다.

➾ 비인칭 구문 다음에 절이 오는 경우에는 접속법을 사용. ☞ <25강> 접속법 참고.

① 기후를 나타날 때

예문 **Il fait** beau. 날씨가 좋다.

Il neige en hiver. 겨울에는 눈이 내린다.

Il pleut dehors. 밖에 비가 내린다.

② 시간을 나타날 때

예문 Quelle heure **est-il**? 몇시입니까?

Il est dix heures. 열 시입니다.

③ **Il y a** 구문 : ~이 있습니다.

예문 Il y a des voitures dans la rue. 거리에는 자동차들이 있습니다.

④ **Il faut** 구문 : ~해야만 한다. ~하지 않으면 안 된다.

예문 Il faut partir tout de suite. 곧 떠나야만 한다.

⑤ **Il s'agit de** 구문 : ~와 관계되다. ~이 문제이다.

예문 Il s'agit de votre avenir. 당신의 미래와 관계가 있다.

⑥ **Il arrive** 구문 : ~이 일어나다. 발생하다.

예문 Il arrive un accident. 사고가 발생한다.

⑦ **Il importe de** 구문: ~하는 것이 중요(필요)하다

예문 Il importe d'aller à l'école. 학교에 가는 것은 중요하다.

⑧ **Il vaut mieux** 구문 : ~하는 것이 더 낫다

예문 Il vaut mieux partir cet endroit. 이 장소를 떠나는 것이 더 낫다.

⑨ **Il est + 형용사 + de + 동사원형** 구문: 형용사에 따라 다양하게 표현할 수 있다.

예문 **Il est nécessaire de** travailler mieux. 일을 더 잘 **할 필요가 있다.**

Il est facile de faire cela. 이것을 **하기는 쉽다.**

Il est possible de faire ce devoir. 이 숙제를 **하는 것은 가능하다.**

작문연습 13

1) 세시 반이다.

2) 자정이다.

3) 놀아야만 한다.

4) 날씨가 덥다.

5) 밤이 되다.

6) 오늘 아침은 날씨가 안 좋다.

7) 여름에는 비가 많이 내린다.

8) 산에 작은 빌라가 있습니다.

9) 정원에는 아이들이 있습니다.

10) 함께 먹는 일은 좋은 일이다.

11) 이 일을 하는 것은 쉽다.

12) 당신의 아내와 관계가 있는 일이다.

13) 너희들의 시험(들)과 관계가 있다.

14) 살기 위해서는 일을 해야만 한다.

15) 이곳에 머무는 것이 더 낫다.

16) 이 질문에 대답하는 것은 가능하다.

17) 이 문제를 이해하는 것은 어렵다.

18) 프랑스를 떠나는 것이 낫다.

19) 자동차 사고가 발생한다.

20) 기적이 일어난다.

voca.

un minuit 자정, s'amuser 놀다, une nuit 밤, ce matin 오늘 아침, un été 여름, une villa 빌라, un jardin 정원, un enfant 아이, bon(ne) 좋은(착한), ensemble 함께, être facile 쉽다, une femme(épouse) 아내, un examen 시험, vivre 살다, rester 머물다, une question 질문, répondre 대답하다, comprendre 이해하다, un problème 문제, difficile 어려운, quitter 떠나다, un accident de voiture 자동차 사고, un miracle 기적

14강

직설법 단순미래와 전미래

1) 단순미래

직설법 단순미래는 미래에 일어날 사건을 나타낼 때 사용합니다. 또한 완화된 명령이나 충고, 요구 등을 표현할 때에 주로 쓰입니다.

형태는 미래어간 + 미래어미입니다. **1군, 2군 동사는 동사원형이 그대로 미래어간**이 되고 다음과 같은 **avoir 동사의 어미(ai, as, a, ons, ez, ont)를 미래어미**로 갖습니다. **3군 동사의 경우에는 특수한 미래어간**을 가지므로 동사변화표에서 참고해야 하는데 **미래어간은 모두 ~r로 끝나며 미래어미는 1, 2군 동사와 같습니다**. 다음에 나오는 동사들을 참고하면서 연습해봅시다.

주어/동사	parler	finir	être	avoir	aller	faire
je	parler**ai**	finirai	**ser**ai	**aur**ai	**ir**ai	**fer**ai
tu	parler**as**	finiras	seras	auras	iras	feras
il/elle	parler**a**	finira	sera	aura	ira	fera
nous	parler**ons**	finirons	serons	aurons	irons	ferons
vous	parler**ez**	finirez	serez	aurez	irez	ferez
ils/elles	parler**ons**	finiront	seront	auront	iront	feront

➾ 1인칭 단수 주어인 je 는 모음이나 무음 h 와 만나면 모음 생략이 됩니다. 예 j'aurai

많이 쓰이는 3군 동사들의 미래어간을 좀 더 알아볼까요?

vouloir → je **voudr**ai	venir → je **viendr**ai
pouvoir → je **pourr**ai	dire → je **dir**ai
prendre → je **prendr**ai	savoir → je **saur**ai
devoir → je **devr**ai	voir → je **verr**ai

예문 Je parle (le) français. / Je parle**rai** français.

나는 불어를 말한다. / 나는 불어를 말할 것이다.

Il finit ce travail. / Il fini**ra** ce travail.

그는 이 일을 끝낸다. / 그는 이 일을 끝낼 것이다.

Nous sommes heureux. / Nous **serons** heureux.

우리는 행복하다. / 우리는 행복할 것이다.

J'ai de la chance. / **J'aurai** de la chance.

나는 운이 좋다. / 나는 운이 좋을 것이다.

2) 전미래

여기서 잠깐! 미래보다 앞선 시제를 표현하고 싶을 때는 어떻게 하냐구요? 전미래를 사용하면 됩니다. 전미래는 미래의 시점에서 표현할 때 그보다 앞선 미래를 나타내고자 할 때 사용하는 시제입니다.

형태는 조동사의 단순미래 + 본동사의 과거분사입니다.

Nous **serons partis** quand il **viendra**. 그가 왔을 때 우리는 이미 출발했을 것이다.

(전미래) (미래)

➾ 위의 문장에서처럼 전미래는 미래에 일어날 행위보다(venir) 더 앞서서 일어날 일(partir)을 표현할 때 사용함.

작문연습 14

1) 너는 연극을 좋아할 것이다.

2) 나는 내일까지 숙제를 끝낼 것이다.

3) 그녀는 내년에 프랑스에 갈 것이다.

4) 우리는 언젠가는 자유로워질 것이다.

5) 그는 교수가 될 것이다.
➾ "~될 것이다" + 직업을 나타내는 명사가 올 때는 관사 없이 쓰입니다.

6) 우리는 내일 산책을 할 것이다.

7) 그는 그의 어머니에게 진실을 말할 것이다.
➾ 주어 + 동사 + 직접목적어 + 간접목적어로 구성되는 4형식 문장입니다.

8) 그녀는 그 학교에 입학할 수 있을 것이다.
➾ (준조)동사 + 동사원형이 오는 구문에서는 처음에 나오는 (준조)동사만 미래로 변화시킴.

9) 아버지께서 저녁 7시에 오실 것이다.

10) 하루에 세 번 이 약을 먹어야만 합니다.
➾ voca. 참고.

11) 겨울에는 눈이 내릴 것이다.

12) 여행 중에는 비행기의 문이 닫혀있어야만 합니다.
➾ voca. 참고.

13) 우리는 그 식당에는 더 이상 가지 않겠다.

14) 조심해, 넘어질라!
➾ voca. 참고.

15) 서둘러! 버스가 떠나려고 해!

16) 콘서트가 4시에 시작될 것이다.

17) 그들은 8시간동안 일할 것이다.

18) 여러분들은 7과를 공부할 것입니다.

19) 20년 후에 우리들은 어디에 있을까?

20) 우리들은 무엇을 할까?

voca.

un devoir (주로 복수로 쓰임) 숙제, jusqu'à ~까지, l'année prochaine 내년, être libre 자유롭다, un jour 어느 날, devenir ~이 되다, une promenade 산책, une vérité 진실, entrer dans~ ~에 입학하다, trois fois par jour 하루에 세 번, un médicament 약, un avion 비행기, une porte 문, fermé(e) 닫혀 있는, neiger 눈이 내리다, un restaurant 식당, une attention 조심, tomber 넘어지다, un autobus 버스, une leçon 강(의), dans (시간)후에

10)번 문장에 나오는 "하루에 세 번"식의 표현은 전치사 par를 통해서 합니다.

une fois par mois 한 달에 한 번, quatre fois par an . . . 일 년에 네 번

예 Je vais à la piscine deux fois par semaine. 나는 일주일에 두 번 수영장에 갑니다.

12)번은 rester + 속사 구문입니다. rester는 원래 "(자리에)있다"는 뜻이지만 속사나 상황보어와 함께 쓰이는 구문에서는 "(같은 상태, 자세로) 있다"는 뜻으로 속사로 쓰인 형용사는 être동사일 때와 같이 주어와 성·수일치를 합니다.

14)번의 문장은 구어체 우리말로 적어봤는데요. "조심해라, (그렇지 않으면) 너는 넘어지겠다!"는 충고를 담은 표현입니다. "조심하라"는 관사 없이 씁니다. 프랑스 작문의 좋은 점은 이런 표현들을 모두 그대로 회화에서 사용할 수 있다는 점입니다. 작문은 곧 회화 표현이라는 것이죠! ☺

Delf 작문연습 3 (길 묻고 답하기):

다음에 나오는 예시를 통해서 길을 찾는 표현과 설명해주는 표현들을 익히세요.

예문

뽈 : 안녕하세요?

수민 : 안녕하세요?

뽈 : 기차역을 찾고 있습니다. 서울(Séoul)역은 어디 있습니까?

수민 : 걸어서 가나요?

뽈 : 아니요, 버스로 갑니다. 멉니까?

수민 : 아니요. 아주 가까워요. 버스로 가면 찾기 쉬습니다.

버스를 타고 서울역정류장까지 가세요. 그 후에 왼쪽 첫 번째 길로 가세요.

그 다음에 교차로를 가로질러 가세요. 서울역이 보일 거예요.

뽈 : 고맙습니다. 안녕히 가세요.

수민 : 안녕히 가세요. 여행 잘 하세요!

voca.

aller à pied 걸어서 가다, en (auto)bus 버스로 (가다), loin 먼, tout près 아주 가까운, un arrêt 정류장, après 후에, à gauche 왼쪽, puis 그 다음에, 교차로 un carrefour, traverser 가로지르다, voir 보다, Bon voyage! 여행 잘 하세요!

15강

직설법 반과거

반과거는 Imparfait라는 명칭대로 불완전하고 미완성된 과거를 지칭합니다. 복합과거가 과거에 이미 완료된 동작이나 상태를 표현하는데 사용된다면 반과거는 과거에서의 동작이나 상태가 계속될 때 사용합니다.

또한 과거의 습관이나 반복적인 동작을 나타낼 때 반과거를 사용합니다. 반과거가 과거의 습관을 나타낼 경우에는 시간을 표현하는 다음과 같은 표현들과 같이 자주 쓰입니다. D'habitude(평소에), autrefois(예전에), à l'époque(그 시절에), habituellement (습관적으로), longtemps(오랫동안), quelquefois(때때로), souvent(자주), chaque(각각의) 등.

반과거는 동시적 과거를 표현할 때도 쓰이는데 과거의 어떤 동작과(복합과거로 사용)동시에 일어나는 계속적인 동작(반과거로 사용)을 표현합니다.

형태는 être동사를 제외한 모든 동사들은 **직설법 현재 1인칭 복수 동사에서 ons을 제거한 어간 + 반과거 어미**입니다. 특수한 변화를 하는 **être동사의 반과거 어간은 ét~**입니다. 반과거 어미는 다음과 같으며 자주 사용되므로 반드시 외우도록 합니다.

주어	반과거어미	주어	반과거어미
je	**~ais**	nous	**~ions**
tu	**~ais**	vous	**~iez**
il/elle	**~ait**	ils/elles	**~aient**

반과거 어미를 다 외웠나요? 반과거 어미를 외웠어도 동사의 현재변화를 몰라서 1인칭복수 형태를 모르면 반과거는 만들 수 없습니다. 그러므로 동사가 나오면 항상 사전을 통해 현재변화를 먼저 찾아보는 거 잊지 마세요. 자, 그럼 동사의 현재변화와 반과거 어미를 익혔다면 다음에 나오는 동사들을 통해서 반과거 형태를 연습해 보도록 합니다.

주어 / 동사 (nous)	être 예외	avoir **av**(ons) +	parler **parl**(ons) +	finir **finiss**(ons) +	faire **fais**(ons) +	vouloir **voul**(ons) +
je	ét**ais**	av**ais**	parl**ais**	finiss**ais**	fais**ais**	voul**ais**
tu	ét**ais**	av**ais**	parl**ais**	finiss**ais**	fais**ais**	voul**ais**
il / elle	ét**ait**	av**ait**	parl**ait**	finiss**ait**	fais**ait**	voul**ait**
nous	ét**ions**	av**ions**	parl**ions**	finiss**ions**	fais**ions**	voul**ions**
vous	ét**iez**	av**iez**	parl**iez**	finiss**iez**	fais**iez**	voul**iez**
ils / elles	ét**aient**	av**aient**	parl**aient**	finiss**aient**	fais**aient**	voul**aient**

예문

1-3) 과거에서의 지속적인 동작이나 상태를 표현한 것입니다.

1) Le mois dernier, il était en Provence. 지난달에 그는 프로방스 지방에 있었다.

2) Hier, j'avais beaucoup de projets. 나는 어제 많은 계획이 있었다.

3) Ce matin, elle lisait la lettre de sa mère. 오늘 아침 그녀는 자신의 어머니가 보낸 편지를 읽었다.

4-5) 과거의 습관이나 반복적인 행위를 표현한 것입니다.

4) D'habitude, nous allions à l'église le dimanche. 평소 우리는 일요일에는 교회에 갔었다.

5) Vous faisiez une promenade chaque mardi. 너희들은 매주 화요일마다 산책을 했었다.

6-7) 동시적 과거 표현. ☞ 복합과거는 다음 <16강> 참고.

6) Je regardais la télé quand il est entré. 그가 들어왔을 때 나는 TV를 보고 있었다.

7) Jean lisais une lettre quand Sophie est revenue. 소피가 돌아왔을 때 쟝은 편지를 읽고 있었다.

작문연습 15

1) 이전에 나는 참을성이 없었다.

➾ "부정의 de"를 필요로 하는 문장입니다. ☞<9강> 부정문 참고.

2) 우리는 토요일에는 박물관에 가곤 했었다.

➾ voca. 참고.

3) 그 남자는 매일 신문을 샀다.

➾ voca. 참고.

4) 그녀는 병원에 자주 갔었다.

5) 모든 사람은 이기기를 원했다.

6) 우리들은 우디 알렌(Woody Allen)의 영화를 좋아했다.

7) 당신은 담배를 피우지 않았었다.

8) 우리들은 그 사건에 대해서 이야기를 나누었었다.

9) 아이들이 공을 가지고 놀았었다.

10) 그는 언제든지 떠날 수 있었다.

➾ voca. 참고.

11) 별들이 하늘에서 반짝이고 있었다.

12) 아버지는 매일 아침 운동을 하곤 하셨다.

13) 우리들은 불어를 열심히 공부했었다.

14) 선생님은 쉬운 단어들을 사용하였었다.

15) 오랫동안 나는 스탕달(Stendhal)의 소설을 좋아했었다.

16) 예전에 나는 자주 이사를 다녔었다.

17) 너는 항상 제때에 네가 맡은 일을 끝냈었다.
➾ 주어 + 동사 + 목적어 + 상황보어가 오는 구문입니다. 부사는 동사 다음에 위치.

18) 그녀는 쉽게 (얼굴이) 빨개졌었다.

19) 우리가 먼저 출발했었다.

20) 그가 들어왔을 때 그의 딸은 피아노를 연주하고 있었다.
➾ 동시적 과거를 표현하는 문장입니다. ☞ 복합과거는 다음 <16강> 참고.

voca.

avant 이전에, une patience 참을성, un musée 박물관, un journal 신문, acheter 사다, tous les jours 매일, un hôpital 병원, souvent 자주, tout le monde 모든 사람, gagner 이기다, des enfants 아이들, jouer 놀다, une balle 공, n'importe quand 언제든지, briller 반짝이다, le ciel 하늘, faire du sport 운동하다, un matin 아침, employer 사용하다, un mot 말(단어), longtemps 오랫동안, un roman 소설, autrefois 예전에, déménager 이사하다, toujours 항상, à l'heure 제때에, le visage 얼굴, rougir 빨개지다, en avance 먼저, un salon 거실, un piano 피아노

2)번의 "토요일에는 ~했었다"표현은 요일과 정관사 남성단수를 함께 사용하면 됩니다. 보통 요일은 관사 없이 쓰이나 정관사 남성단수인 le와 함께 쓰여 "매주 토요일마다"의 의미를 갖습니다.

예문 Il allait à l'université le lundi. (매주) 월요일에 그는 대학교에 가곤 했었다.

3)번의 tous les jours(매일)은 모 제과회사의 이름이어서 우리에게는 많이 익숙한 표현이죠? tout는 "모든, 전체의"의 듯을 갖는 형용사로 성·수일치를 하며 "매우, 아주"라는 의미의 부사로, "전체, 중요한 것"이라는 의미의 명사로도 쓰입니다.

1) tout의 형태 :

남성단수	남성복수	여성단수	여성복수
tout	**tous**	**toute**	**toutes**

2) tout의 위치; **tout + 관사(소유형용사, 지시형용사) + (대)명사**

예문 tout le temps(항상), toute la journée(하루 종일), toute ma vie(나의 전 생애에)

10)번의 "언제든지 n'importe quand"은 원래 importer(~에게 중요하다)동사에서 나온 표현으로 **n'importe + 의문사(의문부사)**의 형태로 다음과 같은 표현들이 있습니다.

n'importe qui (그 누구나) n'importe quoi (무엇이나)

n'importe où (어디든지) n'importe comment (어떤 방식으로나)

문샘의 초보자를 위한

기초 프랑스어 문법과 작문

16강

직설법 복합과거와 대과거

1) 복합과거

직설법 복합과거는 과거의 일시적인 행위나 동작을 표현할 때 사용하며 현재완료를 나타냅니다. **형태는 조동사의 현재형 + 본동사의 과거분사입니다**.

être, avoir 조동사 중에서 대부분의 동사는 조동사로 avoir동사를 갖습니다. 그러나 장소의 이동을 뜻하는 뜻을 가진 다음과 같은 동사들과 대명동사는 조동사로 être동사를 갖습니다. 조동사로 être동사를 갖는 경우에는 주어와의 성·수일치를 해야 함을 잊어서는 안 됩니다.

조동사로 être동사를 갖는 경우; aller, venir, sortir, entrer, partir, arriver, monter, descendre, naître, mourir, rester, tomber 동사 및 대명동사

이제 과거분사에 대해 알아볼까요? 과거분사는 **1군동사**의 경우에는 ~er로 끝나는 어미가 **~é로** 변합니다. (예 parler의 과거분사 → parlé). **2군 동사**의 경우에는 ~ir로 끝나는 동사의 어미가 **~i로** 됩니다. (예 finir동사의 과거분사 → fini). **3군 동사의 경우에는 ~u, ~s, ~t 등**으로 끝나는데 사전을 찾아서 동사변화표에서 확인해야 합니다.

자주 쓰이는 3군 동사들의 pp(과거분사)형은 다음과 같습니다 :

avoir → eu
être → été
aller → allé
faire → fait
pouvoir → pu
vouloir → voulu
devoir → dû
écrire → écrit
sortir → sorti
venir → venu

comprendre → compris
mettre → mis
dire → dit
lire → lu
croire → cru
connaître → connu
voir → vu
recevoir → reçu
vivre → vécu
falloir → fallu . . .

	parler	finir	partir	aimer	aller
je	ai parlé	ai fini	suis parti(e)	ai aimé	suis allé(e)
tu	as parlé	as fini	es parti(e)	as aimé	es allé(e)
il/elle	a parlé	a fini	est parti(e)	a aimé	est allé(e)
nous	avons parlé	avons fini	sommes parti(e)s	avons aimé	sommes allé(e)s
vous	avez parlé	avez fini	êtes parti(e, s, es)	avez aimé	êtes allé(e,s,es)
ils/elles	ont parlé	ont fini	sont parti(e)s	ont aimé	sont allé(e)s

➾ partir 와 aller동사의 경우처럼 왕래발착의 뜻을 가진 동사는 조동사가 être와 함께 쓰이며 성·수 일치를 해야 함을 잊지 마세요. 주어가 vous일 경우에는 2인칭의 존중(당신)으로 단수일수도 있으며 2인칭의 복수(너희들)일수도 있으므로 문맥에 따라서 성·수일치를 합니다.

예문 Nous avons aimé la musique. 우리는 음악을 좋아했다.
Mon père a fini son travail. 아버지는 일을 마치셨다.
Il a eu la grippe. 그는 감기에 걸렸다.

avoir 동사의 조동사는 avoir입니다. être동사의 조동사 역시 avoir이겠죠?

예문 Tu as été malade. 너는 아팠다.

Elle est partie. 그녀는 떠났다.

Ils sont venus. 그들이 왔다.

Le réveil a sonné tôt ce matin. 자명종이 아침 일찍 울렸다.

Il est arrivé, a dit bonjour à tout le monde et il est entré dans son bureau. 그는 도착해서 모든 사람들에게 인사를 하고 사무실에 들어갔다.

Elle a attendu son copain pendant une demi-heure. 그녀는 반 시간동안 친구를 기다렸다.

2) 대과거

직설법 대과거는 **조동사의 반과거 + 과거분사**의 형태로 만듭니다. 과거 시점에서 그보다 더 앞선 과거의 사실이나 행위를 표현할 때 쓰입니다.

Mon grand-père était déjà parti quand je suis arrivé à la gare. 내가 기차역에 도착했을 때 할아버지는 벌써 떠나셨다.

작문연습 16

1) 어제 저녁에 뭐 했니?

2) 그녀는 프랑스에서 오래 살았다.

3) 나는 재미있는 공연을 봤다.

4) 어제는 하루 종일 날씨가 좋았다.

5) 그들은 벌써 여러 번 프랑스에 왔다.

6) 나는 은행에 들어갔다. 그리고 줄을 섰다.

7) 그는 한 시간 동안 심사숙고했다.

8) 당신이 문을 열었다.

9) 그녀가 창가로 갔다.

10) 그들은 함께 거리를 바라보았다.

11) 그녀는 방에서 나갔다.
➔ sortir동사는 뜻에 따라 조동사가 달라집니다. 12)번과 비교해 보세요.

12) 그녀는 주머니에서 손수건을 꺼냈다.

13) 모든 사람들이 스타를 기다렸다.

14) 나는 내 친구를 보러가기로 결심했다.
➾ 동사 + de + 동사원형 구문입니다. 첫 동사만 복합과거로 바꿔주면 됩니다.

15) 그는 병원에 있어야만 했다.

16) 나는 버스를 탔다.

17) 우리는 이런 종류의 책을 매우 좋아했다.

18) 나는 초코렛 한 상자를 샀다.

19)어머니가 내 방에 들어오셨을 때 나는 독서 중이었다.
➾ <15강>에서 배운 반과거와 복합과거가 함께 쓰이는 문장입니다.

20) 그는 숙제를 마치고나서 텔레비전을 봤다.
➾ 대과거가 들어가는 표현입니다.

voca.

un spectacle 공연, amusant(e) 재미있는, plusieurs fois 여러 번, une banque 은행, faire la queue 줄 서다, une poche 주머니, un mouchoir 손수건, une star 스타, un hôpital 병원, ce genre de~ 이런 종류의~, une boîte de chocolats 초코렛 한 상자

Delf 작문연습 4 (영화감상문쓰기):

프랑스 영화를 좋아합니까? "마농의 샘"이란 유명한 프랑스 영화가 있습니다. 이 영화를 본 감상문을 한번 써 볼까요?

예문

오늘 아침 "마농의 샘"이라는 제목의 프랑스 영화를 봤습니다.

그 영화는 지겹지 않았습니다.

스토리가 아주 흥미로웠습니다.

남자 주인공은 여자 주인공을 사랑합니다.

그러나 여자 주인공은 그가 아버지를 속였기 때문에 그를 싫어합니다.

남자주인공은 그녀 가족의 땅을 훔쳐갔습니다.

그들의 사랑은 불행했지만 배우들은 연기를 아주 잘했습니다.

특히 프로방스(Provence) 지방의 경치가 근사했습니다.

나는 그렇게 아름다운 프랑스 영화를 본 적이 없습니다.

voca.

intitulé(e) 제목이 붙은, une histoire 이야기, ennuyeux(se) 지겨운, le héros 남자주인공, l'héroïne 여자주인공, détester 싫어하다, parce que 왜냐하면(~하기 때문에), tromper 속이다, voler 훔치다, une terre 땅, un amour 사랑, malheurex(se) 불행한, un paysage 경치, superbe 근사한, aussi 그렇게

부록에 실려 있는 프로베르의 <아침식사>라는 시를 참고하세요. 마치 영화의 한 장면 같기도 한 시를 감상하며 시 속에 나오는 복합과거와 반과거를 찾아보세요.

문샘의 초보자를 위한

기초 프랑스어 문법과 작문

17강

직 · 간접(목적)보어 (보어 인칭대명사)

프랑스어는 목적어가 되는 인칭대명사를 직접보어와 간접보어로 구분합니다. 그 형태는 다음과 같습니다.

1) 직접보어

1인칭 단수	**me**	1.복수	**nous**
2.단수	**te**	2.복수	**vous**
3.남성단수	**le**	3.복수	**les**
3.여성단수	**la**	3.복수	**les**

2) 간접보어

1인칭 단수	**me**	1.복수	**nous**
2.단수	**te**	1.복수	**vous**
3.남성단수	**lui**	3.복수	**leur**
3.여성단수	**lui**	3.복수	**leur**

위의 표에서 알 수 있듯이 직접보어와 간접보어의 형태는 1, 2인칭 단수, 복수일 때는 서로 같고 3인칭인 경우에만 달라집니다. 직접보어는 3인칭 단수일 경우에 le와 la로 성에 따른 변화가 있으며 복수는 les로 같습니다. 간접보어는 성에 따른 변화가 없이 3인칭 단수일 경우에는 lui로 같으며 복수일 경우에도 leur로 동일합니다.

직접보어 혹은 간접보어로 쓰이는 me, te, le, la는 모음이나 무음h로 시작하는 단어 앞에서 m', t'. l', l'로 모음 생략을 합니다.

보어 인칭대명사의 위치는 매우 중요합니다. 긍정명령문을 제외하고는 **항상 동사 앞에** 놓입니다.

예문 Tu me regarde. 너는 나를 쳐다본다.

Je l'aime. 나는 그를 사랑합니다. (l'가 남성일 때, 여성일 경우에는 ~그녀를 사랑합니다)

Elle m'écrit. 그녀가 나에게 편지를 쓴다.

➾ écrire동사는 전치사 à와 함께 쓰여 "~에게 편지하다"는 뜻을 가지는 타동사입니다. 그러므로 위 문장에서의 me는 간접(목적)보어가 됩니다.

예문 Il lui donne des fleurs. 그는 그녀에게 꽃을 준다.

Est-ce que vous m'attendiez? 당신은 나를 기다리셨습니까?

Je ne lui donne pas ce livre. 나는 그에게 이 책을 주지 않는다.

긍정명령문의 경우에는 보어인칭 대명사가 trait d'union(-)으로 연결되어 동사 뒤에 놓이며 me는 moi로, te는 toi처럼 강세형으로 바뀝니다.

예문 Oubliez-moi. 나를 잊으세요.

Attends-nous. 우리를 기다려라.

3) 직·간접보어의 위치

직/간접(목적)보어가 함께 쓰이는 경우가 있습니다. 이때도 둘 다 동사 앞에 놓이며 함께 쓰일 경우에는 다음 두 가지의 순서로만 쓰이므로 외워둘 필요가 있습니다.

1)	주어	**me, te, nous, vous** (간접보어)	**le, la, les** (직접보어)	동사
2)	주어	**le, la, les** (직접보어)	**lui, leur** (간접보어)	동사

예문 Elle me le donne. 그녀가 나에게 그것을 준다.

Est-ce que vous donnez ce stylo à Vincent? 당신은 뱅상에게 이 만년필을 줍니까?

- Non, je ne le lui donne pas. 아니오, 나는 그것을 그에게 주지 않습니다.

단, 긍정명령문의 경우에는 **동사 + 직접보어 + 간접보어**의 순서입니다.

예문 Passez -le-moi. 그것을 나에게 건네주세요.. ☞ **"Ne me le passez pas."와 비교.**

➾ 여기서 잠깐 동사시제가 복합과거인 경우를 살펴보겠습니다. 보어인칭대명사는 조동사 앞에 놓이는데 직접(목적)보어가 조동사의 앞에 올 경우에는 과거분사의 성·수를 직접(목적)보어와 일치시켜야 합니다. 예외적인 경우로 조동사가 avoir일 경우에도 일치시켜야 하며 문법시험에 빠짐없이 등장하는 규칙이므로 주의해야합니다.

예문 Est-ce que vous avez apporté **ces fleurs**? 이 꽃들을 가져오셨습니까?

-Oui, je **les** ai apport**ées**. 네, 제가 그것들을 가져왔습니다.

➾ 직접목적보어 les가 여성 복수인 ces fleurs을 받은 것이므로 과거분사인 apporté에 es가 더 첨가된 것입니다. 아래의 문장에서는 ces livres가 남성 복수이므로 s만 첨가.

J'ai acheté **ces livres**. →Je **les** ai acheté**s**.

작문연습 17

1) 널 이해해.

2) 그는 나를 이해하지 못한다.

3) 나를 사랑하니?

4) 당신은 그들을 아주 싫어한다.

5) 그녀가 나를 쳐다보았다.
➾ 위의 문장에서는 "내가" 남성인지, 여성인지에 따라서 과거분사가 변화함에 주의.

6) 그들은 나에게 이름을 물어본다.

7) 소피(Sophie)가 우리에게 대답한다.

8) 그녀는 너에게 무엇을 물어봤니?

9) 당신은 늦게 주무십니다.

10) 너희들은 자주 전화하니?

11) 여기에 예쁜 꽃 한 송이가 있습니다. 나는 그것을 그녀에게 줍니다.
➾ 보어인칭대명사의 위치에 주의하세요.

12) 나에게 이 사과를 주세요.
➾ 위의 문장은 긍정명령문이므로 보어인칭대명사의 위치에 주의.

13) 우리에게 소금을 건네주세요.

14) 그는 나에게 이 책을 주었다.

15) 그녀는 원피스를 좋아한다. 어제 그녀는 그것들을 샀다.

16) 니콜라(Nicolas)에게 사실을 말할 거니? 응, 그럴거야.
➾ "그럴꺼야"는 우리말로 간단하게 표현한 건데요. 프랑스어로 풀어보자면 "나는 그에게 그것을 말할 거야" 라고 작문을 해야 합니다. ☺

17) 그에게 사과를 했다.

18) 그에게 말하지 마시고 나에게 말하시오.

19) 내가 당신에게 그것을 줄 것이다.
➾ "그것을" 남성단수로 표현하세요.

20) 우리들을 그녀를 알아보지 못했다.

voca.

détester (아주) 싫어하다, demander 묻다, répondre 대답하다, joli(e) 예쁜, donner 주다, une pomme 사과, passer 건네주다, du sel 소금, une robe 원피스, présenter ses excuses 사과하다, reconnaître 알아보다

명령문은 2인칭 단수와 복수로 만듭니다. (1인칭 복수는 "~합시다"는 뜻으로 청유문이 됩니다.) 형태는 2인칭 단수가 ~es일 경우에 s를 제외합니다. aller동사 역시 2인칭 단수에서 s를 빼고 사용합니다. 특수하게 avoir, être, savoir, vouloir동사는 접속법의 형태를 갖습니다.

예 Aime tes parents. 너의 부모를 사랑해라.

Va à l'école. 학교에 가거라.

Sois gentil avec lui. 그와 친절하게 지내라. (sois는 être의 접속법)

Ne criez pas. 소리 지르지 마세요.

dépêchez-vous. 서두르세요.

reconnaître(알아보다, 인정하다)는 접두사 re~가 붙는 "내 안에 너 있다 동사☺"입니다. re~가 붙지 않은 동사 connaître(알다)와 같은 변화를 하므로 connaître 동사변화 앞에 re~만 붙여주면 됩니다.

je reconnais	tu reconnais	il reconnaît
nous reconnaissons	vous reconnaissez	ils reconnaissent

Delf 작문연습 5 (편지2):

친구에게 책을 한 권 빌렸다가 늦게 돌려주게 된 상황입니다. ☞ <11강>에 나오는 Delf 작문연습(편지1) 양식을 참고하세요.

예문

삐에르(Pierre)에게

정말 미안해.

이 주 전에 너는 나한테 스탕달(Stendhal)의 책을 빌려주었었다.

나는 그 책을 재미있게 읽었어.

그런데 너한테 그것을 돌려주는 것을 깜박했어.

너한테 그 책을 매우 늦게야 돌려준다.

용서해줘.

안녕.

소피가

voca.

être désolé(e) 미안하다, **il y a deux semaines** 이 주 전에, **oublier** 잊어버리다, **rendre** 돌려주다, **avec beaucoup de retard** 매우 늦게, **prier qn de s'excuser** 용서를 구하다

위의 예시는 사과를 해야 하는 경우의 간단한 문장을 표현한 것입니다. Delf 시험의 기본 단계인 A1/A2 수준의 작문에서는 감사의 표현, 사과의 표현, 의견 또는 초대를 하거나 이에 따른 수락과 거절의 표현을 묻는 문제 유형들이 자주 출제됩니다. 몇 가지 표현을 알아볼까요?

1) 초대할 때 : inviter, proposer, venir, recevoir . . .

2) 수락할 때 : merci (pour), super, avec plaisir(기꺼이), remercier . .

3) 거절할 때 : désolé(e), excusez-moi, impossible . . .

예문 Tu veux visiter Paris avec ma famille? 우리 가족과 함께 파리를 방문할래?

Je vous invite dimanche. 일요일날 당신을 초대합니다.

Nous avons le plaisir de vous inviter à dîner samedi prochain. 다음 주 토요일에 당신을 저녁식사에 초대하게 되어 기쁩니다.

Merci de votre invitation. 초대해주셔서 고맙습니다.

C'est d'accord. 알겠습니다.

Je suis désolé(e), je ne peux pas venir. 죄송합니다. 저는 갈 수 없습니다.

Ce n'est pas possible samedi prochain. 다음 주 토요일에는 불가능합니다.

18강

대명동사

대명동사는 재귀대명사인 se를 동반하는 동사입니다. 재귀대명사는 일종의 보어인칭대명사(직접·간접[목적]보어)이며 대명동사는 타동사를 자동사화 한 일종의 변형이라고 볼 수 있습니다.

동사변화는 원형동사의 어미변화와 같고 se는 **주어에 따라서 me, te, se, nous, vous, se의 형태**로 변하며 보어 인칭대명사와 마찬가지로 항상 동사 앞에 위치합니다.

주어 / 대명동사	s'amuser(즐기다)	se coucher(자다)	se lever(일어나다)
je	m'amuse	me couche	me lève
tu	t'amuses	te couches	te lèves
il/elle	s'amuse	se couche	se lève
nous	nous amusons	nous couchons	nous levons
vous	vous amusez	vous couchez	vous levez
ils/elles	s'amusent	se couchent	se lèvent

예문 Je me couche tôt et je me lève tôt. 나는 일찍 자고 일찍 일어난다.

Les enfants s'amusent bien. 아이들이 잘 논다.

Ne vous couchez pas tard! 늦게 주무시지 마세요.

Est-ce que tu te lèves tôt? 너는 일찍 일어나니?

Il s'est couché tard, hier soir. 그는 어제 저녁 늦게 잤다.

Elles se sont couchées tard, hier. 그녀들은 어제 늦게 잤다.

대명동사는 **복합과거인 경우**에는 항상 **être조동사**를 취하며 재귀대명사가 직접(목적)보어로 쓰인 경우에는 **주어와 성·수일치**합니다.

대명동사는 동사의 직접보어, 또는 간접보어 역할을 할 수 있으며 다음과 같이, 재귀적 대명동사, 상호적 대명동사, 수동적 대명동사, 본질적 대명동사로 구별합니다.

① **재귀적 대명동사** : 주어의 행위가 주어 자신에게 돌아오는 것을 뜻하며 직접보어와 간접보어가 모두 올 수 있습니다.

여기서 잠깐! 대명동사가 직접목적어로 쓰였는지 간접목적어로 쓰였는지 잘 모르겠다고요? 그렇다면 타동사가 전치사를 동반하는 지의 여부를 먼저 살펴보시면 됩니다. 전치사를 동반하지 않는 타동사가 대명동사가 되면 재귀대명사는 직접목적어의 역할을 합니다. 반대로 전치사를 동반한 타동사가 대명동사가 되면 재귀대명사는 간접목적이기 됩니다.

예문 Elle s'est promenée. 그녀는 산책을 했다.

➾ premener(~을 산책시키다). 대명동사 se promener(산책하다)의 재귀대명사 se는 직접목적어로 쓰임.

예문 Il s'est procuré ce livre.

➾ procurer~ à... (~을 ...에게 얻게 하다). 전치사와 함께 쓰이므로 대명동사 se procurer (~을 얻다)의 se는 간접목적보어로 쓰임.

② **상호적 대명동사** : 주어가 반드시 복수이며 동사의 행위가 서로 같습니다.

예문 Ils s'aiment. 그들은 서로 사랑한다.

➾ 여기서 se는 직접목적보어로 쓰임.

예문 Vous vous écrivez des lettres. 너희들은 서로에게 편지를 쓴다.

➾ 여기서 vous는 간접목적보어로 쓰임.

③ **수동적 대명동사** : 직접목적어를 갖는 타동사가 대명동사가 되는 경우로 대부분 사물이 주어가 되며 수동적인 의미를 갖습니다.

예문 La baguette se vend bien. 바게트 빵은 잘 팔린다.

L'école se voit de loin. 학교가 멀리서 보인다.

④ **본질적 대명동사**: 대명동사의 se가 별다른 뜻 없이 본질적으로 동사와 항상 함께 쓰이는 동사들로 s'en aller(가다), se moquer de(비웃다), s'écrier(소리 지르다) 등의 동사들을 말합니다. 이런 동사들의 se는 직접(목적)보어이므로 시제가 복합과거가 되면 주어와 성·수일치를 해야 합니다.

예문 Le garçon s'écrie. 소년이 소리 지른다.

Elle s'est repentie de ses paroles. 그녀는 자기가 한 말을 후회했다.

작문연습 18

1) 나는 여섯 시에 일어납니다.

2) 몇 시에 주무십니까?

➾ "몇 시에"는 전치사 à + 의문형용사 + 명사(시간)로 표현합니다. ☞ voca. 참고.

3) 그는 손을 씻는다.

➾ 신체를 표현하는 단어들이 대명동사와 함께 쓰이는 경우에는 주로 정관사로 표현.

4) 우리들은 휴식을 취한다.

5) 내일 나는 일찍 일어나겠다.

6) 그녀는 자주 머리를 빗는다.

7) 아침마다 그는 얼굴을 면도한다.

8) 그들은 서로 사랑했었다.

➾ 대명동사의 복합과거는 조동사가 반드시 être가 오며 성·수일치를 해야 함.

9) 우리들은 자주 서로에게 전화한다.

10) 나는 그를 기억하지 못한다.

11) 그들은 오랫동안 서로를 찾았다.

12) 나는 프랑스문학에 관심이 있다.

13) 우리는 점심식사 후에 산책을 할 것이다.
➾ 근접미래로 표현해 보세요.

14) 그녀는 매일 아침 화장을 하고 옷을 입는다.

15) 장은 다른 나라에서 자리를 잡았다.

16) 그는 새로운 삶에 익숙해졌다.

17) 몇 년도에 결혼하셨습니까?
➾ 구체적인 연도를 제시하는 경우에는 전치사 en과 함께 쓰임.

18) 당신이 이 아이들을 돌보겠습니까?
➾ 단순미래로 표현해 보세요.

19) 그들은 서로를 용서했다.

20) 그 시기에 우리들은 자주 다투었었다.

voca.

se reposer 휴식을 취하다, se brosser 머리를 빗다, chaque matin 아침마다, se raser 면도하다, un visage 얼굴, se souvenir de~ ~을 기억하다, s'intéresser à~ ~에 관심을 갖다, se maquiller 화장하다, s'habiller 옷을 입다, s'installer dans (상태에)안주하다, s'habituer à ~에 익숙해지다, se marier 결혼하다, s'occuper 돌보다, se pardonner 용서하다, se disputer 다투다

✐ 2)번 문장처럼 대명동사가 주어, 동사가 도치되는 의문문에 쓰일 경우에는 동사 앞에 오는 목적보어는 그대로 동사 앞에 놓고 -를 이용해서 주어만 도치해줍니다. 대명동사는 보어인칭대명사와 주어의 형태가 같은 경우가 많으므로 주의하세요.

예문 A quelle heure vous levez-vous? 몇 시에 일어나십니까?

19강

수동태

수동태는 다음과 같은 형태로 만듭니다.

être + p.p(과거분사) + par / de

수동태의 조동사는 être이며 p.p는 타동사의 과거분사이고 항상 주어와 성·수 일치해야 합니다. 능동태의 직접목적어만이 수동태의 주어가 될 수 있으며, 수동태의 동작주 보어 앞에는 대개 전치사 par나 de가 쓰입니다. 일반적인 사실이나 구체적인 사실 앞에서는 par를, 추상적, 계속적인 사실 앞에서는 de를 씁니다. ☞**과거분사는 <16강> 복합과거 편 참고.**

습관적으로 동작주 보어 de를 사용하는 동사들:
aimer, estimer, respecter, accompagner . . .

능동태 : Pierre achète ce livre. 삐에르가 이 책을 산다.
수동태 : Ce livre est acheté par Pierre.
능동태 : Pierre aime Marie. 삐에르는 마리를 사랑한다.
수동태 : Marie est aimée de Pierre.

수동태의 시제는 être 동사로 표현합니다.

예문 Le président est respecté de tout le monde. 대통령은 모든 사람들로부터 존경을 받는다.
Le président **va être respecté** de tout le monde. 대통령은 곧 모든 사람들로부터

존경을 받을 것이다. **(수동태 근접미래)**

Le président **sera respecté** de tout le monde. 대통령은 모든 사람들로부터 존경을 받을 것이다. **(수동태 단순미래)**

Ce pont **vient d'être construit** par Pierre. 이 다리는 삐에르에 의해서 막 건설되었다. **(수동태 근접과거)**

Ma voiture **a été réparée** par Paul. 내 자동차는 삐에르에 의해서 수리되었다. **(수동태 복합과거)**

➾ 주어인 Ma voiture가 여성명사이므로 réparée에서 e가 첨가된다는 것 잊지 마세요.

작문연습 19

1) 마리는 우리 오빠에게 사랑을 받는다.
➾ 여성 주어이므로 과거분사와 성·수일치.

2) 삐에르는 누나에게 맞는다.

3) 당신의 아버지는 모든 사람에게 존경을 받는다.

4) 땅이 눈으로 뒤덮여져 있다.
➾ 여기서는 동작주 보어로 de가 쓰입니다.

5) 이 여배우는 모든 사람들에게 막 사랑을 받기 시작했다.

6) 그는 경찰에게 조사를 받았다.

7) 식사는 어머니가 준비하신다.

8) 자동차가 기술자에 의해 고쳐질 것이다.

9) 이 그림은 팔렸다.
➾ 능동태의 주어가 일반 주어인 on일 경우에는 수동태에서 par on은 생략합니다.

10) 그것의 가격은 정해졌다.

11) 그 집은 방금 팔렸다.

12) 첫 번째 소설이 작가에 의해 집필된다.

13) 문장이 작가에 의해 첨가된다.

14) 소설은 독자들에 의해 판단될 것이다.

15) 그녀는 나쁜 변호사에 의해 변호되었다.

16) (그) 모델은 사진사들에 의해 쫓기고 있다.

17) 교수님은 이 학생들에게 존경을 받았다.

18) 나는 모든 사랑들에게 사랑을 받을 것이다.

19) 소피는 차에 치였다.

20) 이 책은 매우 비싸게 팔린다.

voca.

battre 때리다, respecter 존경하다, couvrir 덮다, une actrice 여배우, interroger 질문하다, un policier 경찰관, préparer 준비하다, réparer 고치다, un mécanicien 기술자, vendre 팔다, fixer 고정하다, un auteur 작가, ajouter 첨가하다, une phrase 문장, juger 판단하다, un lecteur 독자, défendre 변호하다, un avocat 변호사, un mannequin 모델, poursuivre 좇다, un photographe 사진작가, heurter 부딪히다, très cher 매우 비싸게

문샘의 초보자를 위한

기초 프랑스어 문법과 작문

20강

비교급과 최상급

1) 비교급

형용사와 부사의 비교급은 우등 비교급, 동등 비교급, 열등 비교급으로 구분되며 형태는 다음과 같습니다.

형·부사의 우등비교	plus ~ que	명사의 우등비교	plus de ~ que
// 동등비교	aussi ~ que	// 동등비교	autant de ~ que
// 열등비교	moins ~ que	// 열등비교	moins de ~ que

예문 Paul est plus grand que Sophie. 폴은 소피보다 더 크다.

Sophie est aussi jolie que Marie. 소피는 마리만큼이나 예쁘다.

Paul est moins grand que son frère. 폴은 그의 형보다 덜 크다.

Elle n'est pas aussi(si) jolie que Marie. 그녀는 마리만큼 예쁘지 않다.

→ **동등비교의 부정문**에서는 aussi 대신 **si**가 많이 쓰입니다.

예문 Le lion court plus vite que le cheval. 사자는 말보다 더 빨리 달린다.

→ 부사의 비교급은 형용사과 같습니다.

Paul a plus de livres que Marie. 폴은 마리보다 책이 많다.

→ 명사의 비교에서는 전치사 de 다음에 명사 앞의 관사는 생략됩니다.

Paul a autant de crayons que moi. 폴은 나만큼 연필이 많다.

Paul a moins de cahiers que son frère. 폴은 그의 형보다 공책이 적다.

특수한 우등비교급을 갖는 형용사, 부사들이 있습니다.

예 bon → **meilleur**
mauvais → **pire(plus mauvais)**
petit → **moindre(plus petit)**
bien → **mieux**
mal → **pis**
beaucoup → **plus**
peu → **moins**

예문 Ton idée est meilleure que la mienne. 너의 생각이 내 생각보다 좋다.
Elle nage mieux que lui. 그녀는 그보다 수영을 잘한다.

2) 최상급

최상급은 우등최상급과 열등최상급으로 구분되며 정관사를 동반하고 que 대신 de를 놓습니다. **형용사의 최상급**은 형용사의 성·수에 따라서 **정관사 le, la, les**가 일치해야 하지만 **부사의 최상급**은 부사가 변하지 않으므로 **정관사도 le**만 사용합니다. 비교급에서 특수한 형태를 갖는 형용사와 부사 역시 최상급에서는 정관사와 함께 쓰입니다.

우등 최상급	le(la, les) + plus + 형용사 + de
열등 최상급	le(la, les) + moins + 형용사 + de

예문 Il est le plus grand de ses frères. 그는 형제들 중에서 가장 키가 크다.
Elle est la moins intelligente de ses soeurs. 그녀는 자매들 주에서 가장 덜 똑똑하다.
Il court le plus vite de sa classe. 그는 자기 반에서 가장 빨리 달린다.
Elle parle le moins vite de sa famille. 그녀는 가족 중에서 가장 덜 빠르게 말한다.
Paul est le meilleur élève de sa classe. 폴은 반에서 가장 좋은 학생이다.

Pierre nage le mieux. 피에르가 수영을 가장 잘 한다.

➾ 여기서 잠깐! 정관사 대신에 소유형용사를 사용해서 최상급을 나타낼 수도 있음을 알아두세요.☺

예문 Tu es mon meilleur ami. 너는 나의 가장 좋은 친구다.

Elle porte sa plus belle robe. 그녀는 가장 예쁜 원피스를 입는다.

작문연습 ✎ 20

1) 나는 마리(Marie)보다 더 똑똑하다.

2) 마리는 소피만큼 성실하지 않다.
➾ 동등비교의 부정이므로 aussi 대신 주로 사용되는 si로 표현하세요.

3) 뽈은 루이(Louis)보다 덜 활동적이다.

4) 마리는 나보다 말을 빨리 한다.

5) 루브르(Louvre)는 피카소(Picasso)미술관보다 더 크다.

6) 이 방송이 다른 것보다 덜 재미있다.

7) 그는 너 만큼 어리니?

8) 당신은 대부분의 프랑스인들보다 덜 빠르게 말한다.

9) 이 케이크가 다른 것보다 좋다(맛있다).

10) 너는 그녀보다 불어를 더 잘한다.

11) 요즘 우리는 작년만큼이나 일이 있다.

12) 그는 너보다 더 힘이 있다.

13) 디종에서 사는 것은 파리보다 돈이 덜 필요하다.

➾ 비인칭구문과 비교급이 함께 쓰이는 구문입니다.

14) 그는 반에서 가장 부지런하다.

15) 봄은 일 년 중에서 가장 쾌적한 계절이다.

➾ voca. 참고.

16) 비행기는 기차보다 빠르다.

17) 그녀는 그녀의 언니보다 덜 성실해 보인다.

➾ être동사가 아니어도 형용사가 속사로 오는 자동사의 경우 주어와 성·수일치 함.

18) 어린이는 어른보다 더 깊게 잠잔다.

19) 뽈(Paul)은 피에르보다 훨씬 더 운이 있다.

20) 뽈르(Paule)는 친구들 중에서 가장 운이 좋다.

➾ 프랑스는 남자 이름에 e를 첨가하면 여자 이름이 되는 경우가 많습니다. 19, 20번처럼 Paul은 남자이름, Paule하면 여자 이름입니다.

voca.

intelligent(e) 똑똑한, sérieux(se) 성실한, actif(ve) 활동적인, vite 빨리, un musée미술관, une émission 방송, intéressant(e) 재미있는, autre 다른(것), jeune 어린(젊은), la plupart de~ 대부분의, un gâteau 케이크, en ce moment 요즘, un travail 일, un argent 돈, une énergie 힘, une classe 학급(수업), vivre 살다, un printemps 봄, agréable 유쾌한, une saison 계절, un avion 비행기, un train 기차, sembler ~인 듯하다(~같아 보인다), dormir 자다, profond(e) 깊게, une chance 행운

21강

간단한 두 문장의 나열

접속사는 두 개 이상의 단어나 절을 연결할 때 쓰입니다. 이 때 평등한 관계로 연결되는 것을 등위접속사라고 하고 한 쪽에 다른 절을 종속시키는 경우를 종속접속사라고 합니다. 접속사는 성·수에 따른 변화는 없습니다. 아래 도표는 기본적으로 많이 접할 수 있는 접속사들을 모아서 정리한 것입니다.

1) 등위접속사	et : 그리고 (결합, 결과 등을 표현) ni : ~도 ~도 하지 않다 (부정문에서의 et에 해당) ou : 또는 (선택을 나타냄) mais : 그러나 (반대를 뜻함) car : 왜냐하면 (이유를 나타냄) aussi : 따라서 (결과를 뜻함) donc : 그러므로 (결과를 나타냄)
2) 종속접속사	que (qu') : ~하는 것을 (가장 많이 쓰이는 종속대명사로서 명사절을 연결함. 또한 다른 접속사가 반복되는 것을 피하기 위해서 대신 que가 사용되기도 한다) comme : ~할 때, ~하고 있으므로 (동시성, 이유를 표현한다) quand : ~할 때 (시간, 때를 나타낸다)
3) 논리적인 순서를 나타낼 때	d'abord, tout d'abord, premièrement : 우선, 맨 먼저 ensuite : 곧 이어서, 다음에 puis, et puis : 그리고, 또 거기에다 enfin, finalement, dernièrement : 마침내, 마지막으로, 결국

예문 Il aime la lecture et la musique. 그는 독서와 음악을 좋아한다.

Elle n'est ni belle ni jeune. 그녀는 예쁘지도 젊지도 않다.

Est-ce que tu veux rester ici ou partir? 너는 여기에 남고 싶니 아니면 떠나고 싶니?

Je veux voir ce film mais vous n'êtes pas d'accord. 나는 이 영화가 보고 싶다. 그러나 당신은 동의하지 않는다.

Allumez le chauffage car il fait très froid. 난방을 켜세요. 왜냐하면 날씨가 많이 춥습니다.

Je pense donc je suis. 나는 생각한다 고로 나는 존재한다.

Je sais que vous êtes son protecteur. 당신이 그의 보호자임을 압니다.

Comme Sophie est malade, elle ne peut pas partir. 소피는 아파서 떠날 수가 없다.

작문연습 ✐ 21

1) 그녀는 아름답지만 심술궂다.

2) 나는 영화도 안 좋아하고 연극도 싫어한다.

3) 피에르는 소피가 젊고 예쁘기 때문에 좋아한다.

4) 그녀가 집에 도착했을 때 그는 TV를 보고 있었다.

5) 나는 너에게 전화해야만 했었지만 너무 바빴다.

6) 너는 많이 먹었다. 그래서 배가 아팠다.

7) 나는 그가 의사가 되었다는 것을 알고 있다.

8) 눈이 내려서 할머니는 외출하기를 원하지 않는다.

9) 아버지가 집에 오셨을 때 어머니는 식사를 준비하고 계셨다.

10) 쟝은 일도 잘하고 놀기도 잘한다.

11) 나는 이번 프로젝트가 성공하리라 믿는다.

12) 커피를 마시겠습니까? 아니면 차를 마시겠습니까?

13) 자러 가겠다. 너무 피곤하기 때문이다.

14) 너는 공부를 계속할 거니? 아니면 공부를 끝낼 거니?

15) 그 소년은 크지도 건강하지도 않다.

16) 바람이 불고 비가 내린다. 그래서 나는 나가고 싶지 않다.

17) 먼저 샐러드용 큰 그릇을 준비하시오.

➾ 요리법이나 사용설명서에서는 주로 주어 없이 동사원형이나 동사의 2인칭 복수 현재를 사용합니다.

18) 그 다음에 그릇에 약간의 소금과 후추, 그리고 겨자 작은 1스푼을 넣으시오.

19) 또 거기에다 식초 한 스푼을 부으시오.

20) 마지막으로 기름 세 스푼을 첨가하고 저으시오.

voca.

méchant(e) 심술궂은, un théâtre 연극, devoir ~해야만 한다, être occupé(e) 바쁘다, avoir mal au ventre 배가 아프다, s'amuser 즐기다, ce projet 이번 프로젝트, continuer ses études 학업을 계속하다, robuste 건장한, un saladier 샐러드용 큰 그릇, un peu de 약간의, un sel 소금, un poivre 후추, une petite cuillère 작은 한 술, une moutarde 겨자, un vinaigre 식초, ajouter 기름, une huile 첨가하다, tourner 젓다

Delf 작문연습 6 (순서가 있는 작문):

아래 예시 글은 자동차를 탈 때 주의할 순서입니다. 그 밖의 다양한 상황을 상상해보세요.

예시

먼저 차 문을 여시오.

다음에 앞쪽의 왼쪽좌석에 앉으시오.

그리고 안전벨트를 매시오.

마지막으로 차 키를 넣고(시동을 위해) 돌리시오.

voca.

s'asseoir 앉다, un siège 좌석, gauche 왼쪽, attacher 매다, une ceinture 안전벨트, la clé de contact (시동)차 키, mettre 넣다, tourner 돌리다

22강

분사절과 제롱디프

1) 현재분사와 과거분사

분사절은 현재분사나 과거분사가 부사절처럼 쓰여서 동격으로서 때나 원인, 조건 등을 나타낼 때 쓰입니다. 우선 현재분사와 과거분사에 대해 알아볼까요?

① 현재분사

현재분사의 형태는 동사의 **직설법 1인칭 복수에서 ~ons를 빼고 대신 ~ant를 붙여서** 만듭니다.

현재분사는 주동사가 나타내는 때와 같은 시제를 표현하며 형용사적으로 쓰이고 명사를 한정합니다. 현재분사가 완전히 형용사로 고정되어 버린 경우도 있는데 이 경우에는 수식하는 명사나 대명사의 성·수와 일치합니다. 그러나 현재분사일 경우에는 성·수가 변화하지 않습니다.

parler	nous parlons	parl**ant**
finir	nous finissons	finissant
dire	nous disons	disant
vouloir	nous voulons	voulant
faire	nous faisons	faisant

aller	nous allons	allant
partir	nous partons	partant

특별한 형태를 갖는 경우

avoir → **ayant**	être → **étant**	savoir → **sachant**

예문 Elle a rencontré son frère revenant. 그녀는 학교에서 돌아오는 오빠를 만났다.
Voilà mon professeur expliquant la leçon. 강의를 하는 교수님이 저기 계시다.

② 과거분사

과거분사의 형태는 <17강> 복합과거 편에서 공부했듯이 1군 규칙동사는 어미 er 대신에 <~é>, 2군 동사는 어미~ir 대신에 <i>이며 3군 동사는 사전을 참고해서 일일이 확인해 봐야 합니다.

parler → parlé	finir → fini	avoir → eu	être → été
pouvoir → pu	vouloir → voulu	faire → fait	savoir → su
aller → allé	sortir → sorti	lire → lu	dire → dit

과거분사는 복합시제 및 수동태를 구성합니다. 과거분사는 형용사로도 쓰이는데 이때 수식하는 명사나 대명사와 성·수일치 해야 합니다. 단독으로 형용사의 역할을 할 때는 수동적으로 해석됩니다.

예문 Je suis né(e) dans ce village. 나는 이 마을에서 태어났다.
la porte fermée 닫힌 문

2) 분사절

현재분사나 과거분사의 주어가 주동사의 주어와 같은 경우에는 분사는 주어와 동격으로 때, 원인, 조건 등을 나타내며 부사절로 바꿀 수 있습니다.

예문 Invité par le beau temps, il est allé en promenade. (=Comme il a été invité~) 좋은 날씨에 이끌려서 그는 산책을 갔다.
Travaillant mieux, il réussira à l'examen. (= s'il travaille mieux ~) 좀 더 열심히 공부한다면 그는 시험에 성공할 것이다.

① 분사복합형

주동사가 나타내는 동작보다 앞선 완료된 행위를 나타낼 때는 분사복합형을 씁니다.
분사복합형의 형태: **조동사의 분사형 + 과거분사**
조동사를 être를 취하는 경우에는 일반적으로 étant을 생략하기도 합니다.

예문 Ayant terminé mon travail, j'ai regardé la télé. (=Comme j'avais terminé~) 나는 내 일을 끝냈기 때문에 TV를 보았다.
(Etant) Arrivée dans le village, elle a visité le musée. (=Quand elle était venue~) 그녀는 마을에 도착해서 박물관을 방문했다.

② 절대 분사절

분사절은 주절의 주어와 같은 것이 일방적이나 주어와는 상관없이 다른 주어를 갖는 경우가 있습니다. 이를 절대 분사절이라고 합니다. 분사절과 마찬가지로 때, 원인, 조건을 표현합니다.

예문 La nuit tombant, j'allumai la lampe. 밤이 되어서 나는 램프를 켰다.
Le matin revenu, les oiseaux chantaient. 아침이 되자 새들이 노래를 했다.

3) 제롱디프

제롱디프의 형태 : **en + 현재분사**

현재분사와 용법이 거의 비슷합니다. 주절과 같은 주어를 가지며 동시성·수단, 방법, 조건, 대립 등을 나타내며 구어에서 많이 사용합니다.

예문 Il travaille en chantant. 그는 노래하면서 일 한다.

En agissant ainsi, vous ne perdez rien. 그렇게 행동한다면 당신은 아무것도 잃지 않을 것이다.

Tout en pleurant, elle a éclaté de rire. 울면서도 그녀는 웃음을 터트렸다.

➾ 제롱디프 앞에 tout를 쓰면 강조형이 됩니다.

작문연습 22

1~9) **제롱디프를 이용해서 작문하기**

1) 사람들은 일을 해서 돈을 번다.

2) 그녀는 책을 읽으면서 산책을 한다.

3) 그가 열심히 공부한다면 성공할 것이다.

4) 너는 얼굴을 붉히면서 이 소녀를 바라본다.

5) 나는 노래를 부르면서 샤워를 한다.

6) 그는 뛰면서 도착했다.

7) 당신은 책을 읽으면서 운전을 할 수 없습니다.

8) 저쪽으로 간다면 우리는 정각에 도착할 수 있다.

9) 학교에 가다가 친구를 만났다.

10) 비가 그치면 우리는 나갈 것이다.

➾ 주어가 서로 다른 절대 분사절입니다.

11) 밤이 돼서 우리는 집으로 돌아갔었다.

12) 나는 마차를 끄는 늙은 말을 보았다.
➾ 현재분사절을 사용하세요.

13) 여기에 신문을 읽는 소년이 있다.

14) 그는 부모에게 순종하는 아이들을 좋아한다.

15) 편지를 읽자 그녀는 외출했다.
➾ 주절의 동사보다 앞선 행위를 나타내야 하므로 분사복합형을 사용합니다.

16) 정원을 가로지르는 고양이들이 있다.

17) 파리에 도착하자 그녀는 나를 찾았다.

18) 아침 식사를 마치자 아들은 학교에 갔다.

19) 도시가 보이지 않게 되자, 소녀는 울었다.

20) 아버지가 돌아오시면 나는 떠나겠다.

voca.

gagner sa vie 돈을 벌다, 열심히 공부하다 travailler beaucoup, (얼굴을) 붉히다 rougir, 샤워하다 prendre une douche, 뛰다 courir, 저리로 가다 passer par là, 정각에 à l'heure, cesser 그치다, une nuit 밤, une voiture 마차, un cheval 말(동물), tirer 끌다, obéir 순종하다, un jardin 정원, le petit déjeuner 아침식사, une ville 도시, pleurer 울다, revenir 돌아오다

문샘의 초보자를 위한

기초 프랑스어 문법과 작문

23강

관계대명사

관계대명사는 두 문장을 하나의 문장으로 연결할 때 필요로 합니다. 두 문장의 공통분모라고 할 수 있는 선행사의 종류에 따라 그 뒤에 위치하는 관계대명사가 달라집니다. 변화하지 않는 관계대명사를 단순형으로, 변화하는 관계대명사를 복합형이라고 분류합니다.

1) 단순형: 변화하지 않는 관계대명사

선행사	주어	직접보어,속사	간접상황보어
사람	qui	que(qu')	전치사 + qui
사물	qui	que(qu')	
중성	qui	que(qu')	전치사 + quoi
de + 선행사		dont	
장소, 시간을 뜻하는 선행사		où	

관계대명사 qui는 관계절의 주어 역할을 하므로 선행사가 사람이든 사물이든 상관없이 그대로지만 qui에 따르는 관계절의 동사는 선행사의 성·수에 따라 일치해야 합니다.

예문 Je connais ce garçon qui est là. 나는 저기에 있는 그 소년을 안다.

J'aime **ces pommes qui sont** là. 나는 저기에 있는 사과들을 좋아한다.

관계대명사 que는 직접보어와 속사를 받습니다. 복합과거인 경우에는 조동사가 avoir일지라도 직접보어가 선행사인 경우에는 **직접보어가 avoir 동사 앞에 위치**하므로 과거분사의 성·수일치를 해야 한다는 점에 주의해야 합니다. 아래 문장에서는 선행사인 la robe가 여성 단수이므로 과거분사 vu에 e가 첨가된 것입니다. ☞<17강> 참고.

예문 Voilà le monsieur que j'ai vu ce matin. 내가 아침에 본 신사분이 저기 계시다.

Je veux acheter **la robe que j'ai vue** hier. 나는 어제 본 원피스를 사고 싶다.

관계대명사가 간접상황보어인 경우에는 동사와 함께 쓰이는 전치사가 관계대명사 앞으로 나옵니다. 아래 문장에서 écrire à (~에게 편지 쓰다), 즉 écrire 동사가 전치사 à와 함께 쓰이는 문장이고 선행사가 사람이므로 전치사가 앞으로 위치해서 관계대명사가 à qui가 됩니다.

예문 Le jeune homme à qui j'écris est mon cousin. 내가 편지를 쓰는 젊은이는 내 사촌이다.

C'est à quoi je pense toujours. 이것이 내가 항상 생각하고 있는 것이다.

관계대명사 **dont**은 **de + 선행사**가 만나 이루어집니다. 아래 문장을 비교해 보세요.

예문 **L'actrice** est en France. Vous parlez **de l'actrice**.

L'actrice **dont** vous parlez est en France. 당신이 이야기하고 있는 여배우는 프랑스에 있다.

장소나 시간을 나타내는 선행사 다음에는 관계대명사 **où**를 사용합니다.

예문 La montagne où je vais n'est pas éloignée. 내가 가는 산은 멀지 않다.

2) 복합형: 변화하는 관계대명사

선행사의 성·수에 따라 변하는 관계대명사를 복합형이라고 합니다(형태는 의문대명사와 같습니다. ☞10강 참고.)

qui나 que와 같은 뜻이지만 문장 내에서 **뜻의 애매함을 피하기 위해 사용**합니다.

남성단수	남성복수	여성단수	여성복수
lequel	lesquels	laquelle	lesquelles

예문 Je connais la fille de cet homme laquelle est en France. 나는 그 남자의 딸을 알고 있다. 그녀는 프랑스에 있다.

위의 문장에서 qui를 사용하면 선행사가 그 딸인지 그 남자인지 혼동됩니다. 이러한 애매함을 피하기 위해서 선행사의 성·수에 따라 구별되는 변화하는 관계대명사를 필요로 하는 것입니다.

여러 가지 전치사가 함께 쓰일 수 있으며 à와 de가 올 경우에는 다음과 같이 변합니다.

전치사/성·수	남성단수	남성복수	여성단수	여성복수
à	auquel	auxquels	à laquelle	auxquelles
de	duquel	desquels	de laquelle	desquelles

예문 Vous connaissez **la fille** de cet homme **à laquelle** j'ai écrit hier? 당신은 저 남자의 딸을 아세요? 어제 그의 딸에게 편지를 썼어요.

Vous connaissez la fille de **cet homme auquel** j'ai écrit hier? 당신은 저 남자의 딸을 아세요? 어제 그에게 편지를 썼어요.

위의 두 문장을 비교해 보면 알 수 있듯이 관계대명사에 따라서 어느 선행사를 가리키는지 구별이 되어 문장의 의미가 명확해집니다.

작문연습 23

관계대명사를 사용하면 이제까지의 단문들과는 다르게 문장이 복잡해지고 있지요? 우선 문장 전체의 주어와 동사를 잘 구분할 줄 알아야 합니다. 그러면 두 문장을 연결해주는 선행사가 눈에 보일 겁니다.

1) 나는 당신 누이와 이야기를 하고 있는 저 소년을 안다.

2) 그녀는 책상위에 있는 책을 좋아한다.

3) 소피 앞에 앉아있는 남자를 아세요?

4) 그녀는 20킬로가 넘는 여행 가방을 든다.

5) 당신은 아주 작은 스튜디오에 산다.

6) 미소 짓고 있는 그 소년은 내 아들이다.

7) 그들이 바라보고 있는 그 소녀는 예쁘다.

8) 내가 편지를 쓰는 사람은 나의 할머니이다.
➔ 동사에 전치사가 따르는 문장인지 살펴보는 것도 잊지 마세요. ☺

9) 너무 비싼 것을 사지 말라.

10) 나는 아는 사람이 아무도 없는 런던에서는 살고 싶지 않다.

11) 나는 내 아들이 태어난 순간을 결코 잊지 못할 것이다.

12) 내가 한가한 날은 토요일이다.

13) 내가 자랑스러워하는 학생이 저기 있다.

14) 내가 필요로 하는 사전이 여기 있다.

15) 울고 있는 아기는 치아가 아프다.

16) 네가 조금 전에 읽은 책은 어디에 있니?
➾ 관계대명사절 속에 오는 동사시제가 근접과거로 쓰인 문장입니다.

17) 우리는 우리가 아주 아름답다고 여기는 시를 읽는다.

18) 나는 (한) 회사에서 일하는데 그 회사의 사장은 젊다.

19) 당신이 생각하는 계획은 어떤 것입니까?
➾ 변화하는 관계대명사가 전치사를 만나는 문장입니다.

20)저기 마리의 몸이 아픈 남동생이 있다.
➾ 선행사(남동생)를 분명하게 표시해야 하는 문장입니다.

voca.

connaître (사람)알다, être assis(e) 앉아 있다, en face de 맞은편에(앞에), une valise 여행 가방, peser 무게가 나가다, plus de ~이상의, un studio 스튜디오, une personne 사람, ce qui ~하는 것, ne ~ personne 아무도 ~하지 못하다, un moment 순간, être né(e) 태어나다, être libre 한가하다, être fier(ère) de 자랑스러워하다, avoir besoin de ~을 필요로 하다, avoir mal aux dents 이가 아프다, un poème 시, une société 회사, un directeur(p.d.g.) 사장, être malade 아프다

24강

조건법과 조건문

1) 조건법

조건법은 크게 허구, 소원, 가정, 예의, 충고 등을 표현할 때, Si + 조건절과 함께 조건문을 만들 때, 간접 화법에서 과거에서의 미래를 표현할 때 사용합니다.

① 조건법 현재는 조건법 **직설법 미래가 그대로 동사어미가 되며 거기에 반과거 어미를 붙이면 됩니다.** 직설법의 단순 미래는 3군 동사를 제외한 1, 2군 규칙동사는 동사원형이 그대로 미래 어간이 된다는 사실을 상기하세요. ☞ <14강>의 단순 미래에 나오는 3군 동사의 미래어미를 참고함. 또한 반과거 어미는 ☞ <15강>을 참고하세요.

조건법 현재의 형태 : **직설법 단순미래 어간 + 반과거 어미**

	parler	finir	être	avoir	vouloir
je	parler**ais**	finir**ais**	ser**ais**	aur**ais**	voudr**ais**
tu	parler**ais**	finir**ais**	ser**ais**	aur**ais**	voudr**ais**
il/elle	parler**ait**	finir**ait**	ser**ait**	aur**ait**	voudr**ait**
nous	parler**ions**	finir**ions**	ser**ions**	aur**ions**	voudr**ions**
vous	parler**iez**	finir**iez**	ser**iez**	aur**iez**	voudr**iez**
ils / elles	parler**aient**	finir**aient**	ser**aient**	aur**aient**	voudr**aient**

vouloir 동사의 조건법 현재는 구어체나 편지 등에서도 많이 사용되는 표현입니다.

예문 Je serais cosmonaute. 나는 우주비행사이다. **(허구)**

J'aimerais voyager le monde entier. 나는 전 세계를 여행하고 싶다. **(소원)**

Cette année serait une bonne année pour les pommes. 올 해는 사과(질이나 수확)에 좋은 한 해가 될 것이다. **(가정)**

Je voudrais parler à M. Kim, s'il vous plaît. 김 선생님과 통화하고 싶습니다. **(예의)**

Les enfants, vous feriez mieux d'aller dormir. 애들아, 너희들은 자러 가는 게 더 낫겠다. **(충고)**

Il a dit qu'il ne pourrait pas venir. 그는 올 수가 없을 거라고 말했다.

➾ 위의 예문은 과거에서의 미래를 나타내는 경우로 주절은 당연히 과거가 옵니다. 과거 시점에서 봤을 때 "그가 올 수 없을 것"이라는 과거에서의 미래를 표현한 것입니다.

① **조건법 과거는** 과거에서의 후회나 가정을 나타내거나 과거에서의 추측이나 이루어지지 않은 일을 뜻하는 조건문 과거를 표현할 때 사용합니다.

조건법 과거의 형태 : **조동사의 조건법 현재 + 과거분사**

예문 J'aurais voulu être comédien; je serais devenu célèbre! 나는 배우가 되기를 바랐었다. 나는 유명해졌을 텐데!

2) 조건문

① 조건문 현재 : 현재나 미래에 실현되지 않은 조건이나 가정을 나타낼 때 사용하는 조건문의 구성은 다음과 같습니다.

조건문 현재의 구성 : **조건절은 si + 직설법 반과거, 주절은 조건법 현재**

예문 Si nous avions le temps, nous irions voir le football. 우리가 시간이 있다면 축구를 보러 갈 텐데.

➾ 현재 시간이 없어 못 간다는 뜻입니다.

예문 Si j'avais le temps demain, j'irais vous voir. 내일 시간이 되면 당신을 보러 갈 텐데요.

➾ 내일이라는 미래에 아마도 시간이 없어 못 갈 것 같다는 의미입니다.

② 조건문 과거: 조건문 과거는 과거에서의 추측이나 이루어지지 않은 일을 뜻합니다.

조건문 과거의 구성: **조건절은 Si + 직설법 대과거, 주절은 조건법 과거**

예문 Si nous avions eu le temps, nous serions allés voir Sophie. 우리가 시간이 있었더라면 소피를 보러 갔을 텐데

➾ 과거에 시간이 없어서 못 가서 아쉽다는 의미입니다.

작문연습 24

어느 경우에 조건법과 직설법을 구별해서 사용할까요? 우리말로는 잘 구별이 안 된다고요? 결국 말을 하는 사람 마음인 경우가 많습니다.☺ 말하는 사람이 좀 더 예의바르거나 정중한 표현으로 말하고자 할 때나 희망, 가정, 허구, 충고 등의 표현으로 나타내고자 할 때에 직설법 대신에 조건법을 사용하면 됩니다.

1) 프랑스를 알고 싶어요.

2) 여러 개의 언어를 말하고 싶습니다.

3) 당신은 변호사가 되기를 원하십니까?

➾ vouloir, souhaiter, désirer 모두 "~을 원하다, 바라다"는 뜻으로 조건법으로 많이 쓰이는 동사들입니다.

4) 당신을 정말 다시 만나고 싶습니다.

5) 이 가구는 19세기의 것 같다.

6) 올 해는 포도가 좋은 해가 될 듯합니다.

7) 일기예보에 의하면 폭풍우가 곧 올 것이랍니다.

8) 강을 오염시키는 것은 바로 그 공장일 것입니다.

9) 역에 가는 길을 가르쳐 주시겠어요?

10) 김 선생님과 통화하고 싶습니다.

11) 아침에 면담을 하기를 원합니다.

12) 나는 바다에 가는 것을 더 좋아한다.

13) 저 다리를 가로질러야 할 것이다.

14) 그것은 좋은 경험이 될 것이야!

15) 오늘 오후에 날씨가 좋다면 나는 산책할 것이다.
➩ 조건문 현재로 표현하세요.

16) 내가 시간이 있다면 나는 극장에 갈 것이다.

17) 만약에 우리 부모님이 부유하다면 그들은 유럽을 여행할 것이다.

18) 만약에 네가 나를 잊는 다면 나는 아주 슬플거야.

19) 만약에 당신이 나를 잊어버렸더라면 나는 아주 슬펐을 텐데.
➩ 조건문 과거로 표현하세요.

20) 뽈은 그가 올 수 없을 거라고 말했다.
➩ 조건법의 중요한 용법 중의 하나죠! 과거에서의 미래로 표현하는 문장입니다.

voca.

plusieurs 여러 개, revoir 다시 보다, un meuble 가구, dater de ~부터 시작되다(거슬러 가다), un siècle 세기, d'après ~에 의하면, la météo 일기예보, un orage 폭풍우, une usine 공장, polluer 오염시키다, une rivière 강, indiquer le chemin 길을 가리키다, une gare 역, un rendez-vous 면담, traverser 가로지르다, un pont 다리, une expérience 경험, être triste 슬프다

25강

접속법

접속법은 주로 **종속절에서 사용**되며 **주관적인 생각을 표현**하는 방법입니다. 주절에 희망, 금지, 필요, 명령, 감정을 뜻하는 동사가 있을 때 종속절에서 사용하거나, 비인칭 구문에서 또는 주절이 의문이나 부정으로 된 의견을 표현할 때 접속법을 사용합니다.

① **접속법 현재**는 특별한 경우를 제외하고는 직설법 3인칭 복수에서 ent를 제거하고 1,2,3,인칭 단수와 3인칭 복수는 직설법 현재의 어미를(~e, ~es, ~e, ~ent) 붙이고, 1,2인칭 복수에는 직설법 반과거(~ions, ~iez) 어미를 붙여서 만듭니다.

아래 도표에서 *를 첨가한 동사들은 특수한 접속법 형태를 가지므로 별도로 암기하세요. avoir 동사와 être는 동사는 접속법 전체의 형태를 외울 필요가 있고 나머지 불규칙 변화를 하는 동사들은 접속법의 특수한 어간을 외우면 어미는 접속법 어미와 같이 변화합니다.

	parler	finir	***être**	***avoir**	***aller**	***faire**
je	parl**e**	finiss**e**	sois	aie	aille	fasse
tu	parl**es**	finiss**es**	sois	aies	ailles	fasses
il/elle	parl**e**	finiss**e**	soit	ait	aille	fasse
nous	parl**ions**	finiss**ions**	soyons	ayons	allions	fassions
vous	parl**iez**	finiss**iez**	soyez	ayez	alliez	fassiez
ils/elles	parl**ent**	finiss**ent**	soient	aient	aillent	fassent

예 ils dis**ent** → que je dise (dire), ils aim**ent** → que tu aim**es** (aimer), qu'il sache (*savoir), que nous puissions (*pouvoir), qu'ils veuillent (*vouloir)

➾ 접속법은 종속절에서 사용되므로 외울 때도 앞에 접속사 que를 넣어서 함께 외우면 편합니다. 접속법까지 외우려니 머리에서 스팀이 나온다고요? ☺ 프랑스인들도 그렇게 생각하는 지 접속법은 미래나 반과거 대신 현재로, 대과거 대신 과거로 많이 쓰인답니다.

예문 Je veux que vous écoutiez sa parole. 당신이 그의 말을 듣기를 바란다.

Je crains qu'il ne pleuve. 비가 오지 않을까 걱정이다.

➾ 위의 문장에서 ne는 허사의 ne로 긍정문에서 부정의 뜻 없이 ne가 오는 경우입니다. 두려움, 걱정을 뜻하는 동사나 접속사구 다음에, 의혹, 부정을 뜻하는 동사가 의문이나 부정문일 때, 또는 비교급이나 최상급에서 que이하에 쓰이는 경우가 있습니다.

접속법은 비인칭 구문의 종속절에서 많이 쓰입니다. ☞ 비인칭 구문은 <13강>을 참고.

예문 Il faut que j'aille à l'école. 나는 학교에 가야만 한다.

Il faut que vous fassiez un effort. 당신은 노력을 해야만 한다.

Il est important que tu viennes chez moi. 네가 우리 집에 오는 것은 중요하다.

Il vaut mieux que nous partions. 우리가 떠나는 게 더 낫다.

Croyez-vous qu'elle vienne? 그녀가 오리라 생각하세요?

➾ croire 동사는 여기서 "~라고 생각하다"는 뜻으로 쓰이며 이렇게 의견을 나타내는 의문문이나 부정문으로 사용될 경우에는 종속절에 접속법을 동반합니다.

접속법은 다음과 같이 목적, 조건, 양보를 뜻하는 접속사 절에서도 쓰입니다. 접속법이 오는 접속사절을 알아두면 작문할 때 편리하겠죠?☺ ☞ <26강> 참고.

afin que(~하도록), pour que(~하도록), pourvu que(~만 하면), sans que(~없이), bien que(~에도 불구하고), avant que(~전에), jusqu'à ce que(~때까지)

예문 Elle viendra à la réunion bien qu'elle soit malade. 그녀는 아픈데도 불구하고 회의에 참석할 것이다.

주절 속에 최상급이나 선택의 표현이 있는 종속절에서 접속법이 쓰입니다.

예문 Il est le meilleur élève que je puisse rencontrer. 그는 내가 만날 수 있는 최고의 학생이다.

3인칭 명령문이나 기원문에서 사용합니다.

예문 Que Dieu vous bénisse! 하나님께서 당신을 축복하시기를!

Vive la France! 프랑스 만세!

② 접속법 과거는 **조동사의 접속법 현재 + 과거분사**로 표현합니다. 과거보다 앞선 과거를 표현하는 접속법 대과거도 현대에는 그냥 접속법 과거로 표현합니다.

예문 Je veux qu'il ait su la vérité. 나는 그가 진실을 알았기를 바란다.

작문연습 25

1) 나는 당신이 우리 집에 오기를 바란다.

2) 나는 그녀가 이것을 끝내기를 바란다.

3) 나는 그가 그 일을 하기를 바란다.

4) 나는 당신이 행복하다니 만족스럽다.

5) 나는 그들이 올지 의심스럽다.

6) 나는 당신이 이렇게 일찍 떠난다니 섭섭하다.

7) 비가 내릴까 봐 염려스럽다.

8) 어머니는 언젠가는 내가 성공하기를 바란다.
➔ 접속법에는 미래가 없으므로 대신 접속법 현재로 쓰면 됩니다.

9) 나는 그가 이것을 하리라고 생각하지 않는다.

10) 그녀가 아프다고 생각하세요?

11) 당신은 접속법을 공부해야만 한다.

12) 그녀는 프랑스어를 공부하기 위해서 프랑스에 간다.

13) 그녀가 내일 오는 것은 불가능하다.

14) 네가 떠나고 싶어하는 것은 자연스러운 일이다.

15) 날씨가 좋아진다면 우리는 산책을 갈 것이다.

16) 우리는 열심히 공부해야할 필요가 있다.

17) 네가 그것에 대해 생각했기를 바란다.

18) 그가 떠났다고 믿지 않는다.

19) 너는 오늘 저녁 일찍 자야만 한다.

20) 그것은 그가 프랑스어로 말할 수 있었던 유일한 문장이다.

voca.

chez ~의 집에, cela(ça) 이것, être content(e) 만족하다, être heureux(se) 행복하다, douter 의심하다, regretter 섭섭하다, craindre 염려하다, le subjonctif 접속법, Il est naturel que~ ~하는 것은 자연스럽다, pourvu que~ ~한다면, Il est nécessaire que~ ~할 필요가 있다, Il faut que~ ~해야만 한다, seul(e) 유일한, une phrase 문장

Delf 작문연습7 (이메일 보내기):

곧 생일을 맞는 친구에게 줄 선물을 상의하는 메일입니다. 어떤 선물이 좋을지 여러 분들도 한 번 생각해 보세요.

예시

De: Clara

Objet: 생일선물

Date: 25 janvier 2011 20h 32

A: Paul

뽈에게,

안녕, 잘 지내니?

삐에르에게 줄 선물에 대해 생각해 봤니?

마리는 책이나 만년필 같은 것들을 제안했어.

내 생각에는 더 독창적인 것을 주고 싶어,

예를 들어서 고성에서의 주말에 대해 어떻게 생각하니?

안녕.

클라라

voca.

un anniversaire 생일, un cadeau 선물, proposer 제안하다, une chose 물건, comme ~같은, à mon avis 내 생각에는, un week-end 주말, un château (고)성, par exemple 예를 들면

문샘의 초보자를 위한

기초 프랑스어 문법과 작문

26강

원인, 시간, 목적, 대립, 결과의 표현

이미 배운 표현들도 있지만 이번 27강에서는 프랑스어에서 원인, 시간, 목적, 대립, 결과를 나타낼 때 자주 쓰이는 표현들을 모아서 정리해보도록 합니다. 이제까지는 주로 단문 위주였다면 이제는 본격적으로 복문을 구성할 때 필요로 하는 표현입니다. 주로 원인, 시간, 목적, 대립, 결과에 관한 표현들로 문장을 구성할 때 좀 더 구체적이고 다양하게 자신의 의견을 충분히 표현해 내는데 도움을 줍니다.

이에 연관된 표현들 다음에는 동사원형이나 명사, 종속절이 오는 경우가 있습니다. 종속절을 동반하는 표현들 중에는 ☞ <25강>에서 배웠듯이 접속법이 오는 경우가 있으므로 동사의 사용에 주의해야합니다.

1) 원인	parce que, puisque, comme, (~ 때문에) à cause de + 명사 (~ 때문에)
2) 시간	quand, lorsque, (~할 때) dès que, aussitôt que, (~하자마자) depuis que (~한 이래로), pendant que(~하는 동안에), chaque fois que (~할 때마다) avant que + 접속법 (~하기 전에), jusqu'à ce que + 접속법(~할 때까지), avant de + 동사원형 (~하기 전에), après (~후에)
3) 목적	pour que + 접속법, pour (~하기 위해서)
4) 대립	bien que + 접속법 (~임에도 불구하고)
5) 결과	si...que, tellement ...que (대단히 ~하므로 ~하다)

예문 Je suis heureux **parce que** je suis amoureux. 나는 사랑을 해서 행복하다.

Quand elle joue de la musique, elle oublie tout le reste. 그녀가 음악을 연주할 때면 그녀는 그 외의 모든 것을 잊어버린다.

Depuis qu'il fait du yoga, il est plus calme. 그가 요가를 한 이래로 그는 더 침착하다.

Je t'expliquerai **jusqu'à ce que** tu **comprennes**. 네가 이해할 때까지 설명해 줄게.

Bien que cette ville **soit** magnifique, je ne veux pas y vivre. 이 도시가 멋지긴 해도 나는 여기서 살고 싶지 않아요.

➾ 위의 표현들 외에도 조건을 나타낼 경우에 si, pourvu que(~하기만 한다면)를 사용할 수 있습니다.

작문연습 26

괄호 안에 주어진 표현들을 사용하여 작문하세요.

1) 그는 늦게 일어났기 때문에 늦었다. (parce que)

2) 그녀는 개를 잃어버려서 슬프다. (//)

3) 그녀들은 담배 때문에 기침을 한다. (à cause de)

4) 그는 일 때문에 늦게 귀가한다. (//)

5) 그녀는 아파서 결석했다. (puisque)

6) 더우니까 창문을 엽시다. (comme)

7) 당신이 꽃을 좋아해서 꽃을 가져왔습니다. (//)

8) 그녀는 기분이 좋을 때면 매력적이다. (Quand)

9) 나는 휴가가 되면 프랑스로 떠난다. (//)

10) 그가 운동을 하고 싶을 때면 그는 수영장에 간다. (Lorsque)

11) 나는 방 안에 들어가자마자 불을 켠다. (dès que)

12) 우리가 집에 도착하자마자 당신에게 전화 드리겠습니다. (aussitôt que)

13) 그녀가 화장을 한 후부터 그녀는 훨씬 더 예쁘다. (Depuis que)

14) 그녀가 음악을 듣는 동안에 나는 일한다. (pendant que)

15) 그는 혼자 잘 때마다 악몽을 꾼다. (chaque fois que)

16) 기차가 출발하기 전에 표를 사러 가라. (avant que)

17) 우리는 불어를 정확히 말할 때까지 불어를 공부할 것이다. (jusqu'à ce que)

18) 당신이 공부할 수 있도록 우리는 소리를 내지 않는다. (pour que)

19) 그는 돈을 많이 벌었음에도 불구하고 행복하지 않다. (bien que)

20) 그녀는 춤을 많이 춰서 발이 매우 아팠다. (tellement que)

voca.

perdre 잃어버리다, tard 늦게, tousser 기침하다, une cigarette 담배, rentrer 귀가하다, être absent(e) 결석하다, apporter 가져오다, être de bonne humeur 기분이 좋다, charmant(e) 매력적인, faire du sport 운동을 하다, une piscine 수영장, allumer (불을) 켜다, une lumière (불)빛, un cauchemar 악몽, un billet 표, correctement 정확하게, un bruit 소음, avoir mal aux pieds 발이 아프다

"신체부위의 어디가 아프다"라는 표현을 할 때에는 **avoir + mal + à + 정관사 + 신체부위**로 표현하며 이 때 전치사 à 와 정관사는 관사축약이 됩니다.

J'ai mal aux yeux. 나는 눈이 아프다

Il a mal à la tête. 그는 머리가 아프다.

문샘의 초보자를 위한

기초 프랑스어 문법과 작문

27강

간접화법과 간접 의문문

1) 간접화법

본인의 말이나 생각을 그대로 표현하는 직접화법 대신 이야기하는 사람이 다른 사람의 말이나 생각을 전하는 것을 간접화법이라고 합니다. 직접화법에서 간접화법으로 표현할 때는 직접화법임을 나타내는 따옴표 같은 구두점이 생략되고 대신 종속절을 이끄는 que가 옵니다. 주로 다음과 같은 동사들로 종속절을 이끌며(dire말하다, demander요구하다, croire생각하다, penser생각하다 등) 종속절 속의 인칭은(주어인칭대명사, 소유형용사 등) 간접화법으로 전환될 때 주절에 따라 같이 변합니다.

명령문인 직접화법을 간접화법으로 바꾸는 경우에는 que 대신에 de가 오고 명령문 속의 동사는 동사원형으로 변합니다.

직접화법	Il dit : "**J'ai** faim" 그는 말한다. "나는 배고프다".
간접화법	Il dit qu'**il** a faim. 그는 배가 고프다고 말한다.
직접화법	Elle me dit : "Soyez heureux" 그녀가 말한다. "행복하세요"
간접화법	Elle me dit **d'être** heureux. 그녀는 나에게 행복하라고 말한다.

직접화법에서 간접화법으로 전환할 때는 시제에 유의해야 합니다. 주절의 시제가 현재나 미래일 때는 종속절 속의 시제는 변함이 없습니다. 그러나 주절의 시제가 과거일 때는 종속절 속의 시제는 **현재는 반과거로, 과거는 대과거로, 미래는** 과거에서의 미래를 뜻하는 **조건법 현재로** 변화시켜야 합니다.

예문 Il a dit : "J'ai faim" → Il a dit qu'il avait faim. 그는 배가 고프다고 말했다.

Il a dit : "J'avais faim" → Il a dit qu'il avait eu faim. 그는 배가 고팠었다고 말했다.

Il a dit : "J'aurai faim" → Il a dit qu'il aurait faim. 그는 배가 고플 거라고 말했다.

여기서 잠깐 다음과 같이 장소와 시간을 나타내는 부사들의 특별한 변화를 살펴 볼까요?

예 aujourd'hui 오늘 → **ce jour-là** 그 날

hier 어제 → **la veille** 전날

demain 내일 → **le lendemain** 이튿날

maintenant 지금 → **alors** 그 때

lundi prochain 돌아오는(다음) 월요일 → **le** lundi **suivant** 다음 월요일

lundi dernier 지난 월요일 → **le** lundi **précédent** 이전(지난) 월요일

ici 여기 → **là** 거기

예문 Il a pensé : "“Elle est arrivée hier.”" 그는 생각했다. “그녀는 어제 도착했다”

→ Il a pensé qu'elle était arrivée la veille. 그는 그녀가 그 전날 도착했다고 생각했다.

2) 간접의문문

간접의문문은 간접화법속의 의문문을 뜻하며 의문사를 제외한 모든 것이 간접화법으로 전환될 때와 같은 방법으로 바뀝니다.

의문사의 경우는 est-ce que 의문문처럼 **특별한 의문사가 없는 경우에는 si를 써서 연결**합니다. 사물 주어를 뜻하는 **qu'est-ce qui는 ce qui로**, 목적어를 뜻하는 **qu'est-ce que는 ce que로** 변하며 **그 외의 의문 형용사나 의문 부사는 변하지 않습니다.**

이 때 주어 동사는 도치되지 않고 본래의 순서대로 옵니다.

예문 Elle me demande : "Est-ce que tu aimes le cinéma? 그녀는 나에게 묻는다. "너는 영화를 좋아하니?"

→ Elle me demande si j'aime le cinéma. 그녀는 내가 영화를 좋아하는 지 아닌지를 묻는다.

Il me demande : "Que'est-ce qui se passe?" 그는 나에게 묻는다. "무슨 일이니?"

→ Il me demande ce qui se passe. 그는 나에게 무슨 일이 있는 지 묻는다.

Il m'a demandé : "Qu'est-ce que tu as fait?" 그는 나에게 물었다. "너는 무엇을 했니?"

→ Il m'a demandé ce que j'avais fait. 그는 나에게 내가 무엇을 했는지를 물었다.

Il me dit : "Quel âge as-tu? 그는 나에게 묻는다. "너는 몇 살이니?"

→ Il me dit quel âge j'ai. 그는 나에게 내가 몇 살인지를 묻는다.

작문연습 27

1) 그는 자기가 아프다고 생각한다.

2) 그녀는 자기가 한가하다고 생각한다.

3) 그는 그 전날 한가했다고 말했다.
➾ 주절의 시제가 과거이므로 종속절에 나오는 간접화법의 시제 변화에 유의하세요.

4) 그는 나에게 학교에 가라고 말한다.
➾ 명령문을 간접화법으로 전환할 때는 전치사 de + 동사원형으로 바꿉니다.

5) 그녀는 운이 좋았다고 말한다.

6) 그녀는 내가 운이 좋았다고 말한다.

7) 그녀는 우리가 옳았었다고 생각했다.

8) 그는 당신이 유명해질 거라고 말했다.
➾ 과거에서의 미래를 표현하는 문장입니다.

9) 너는 이튿날 우리 집에 올 것이라고 말했다.

10) 선생님은 나에게 더 근면하라고 말한다.

11) 그는 내가 아침을 먹었는지 아닌 지를 물었다.

12) 선생님은 나에게 이 문장을 이해하는 지 어떤 지를 물었다.

13) 나는 그가 학교에 가고 싶은 지 어떤 지를 묻는다.

14) 그는 내가 무엇을 말하는 지를 묻는다.

15) 그는 나에게 무슨 일이 일어났는지를 물었다.

16) 그는 내가 그 전날 무엇을 먹었는지를 물었다.

17) 뽈은 내가 어떤 꽃을 좋아하는지를 묻는다.

18) 그는 그녀에게 왜 떠났는지를 묻는다.

19) 그녀는 그에게 언제 돌아올 것인지를 물었다.

20) 그는 내가 이튿날 어디에 갈 것인지를 물었다.

voca.

être libre 한가하다, **avoir de la chance** (행)운이 좋다, **avoir raison** 옳다, **célèbre** 유명한, **studieux(se)** 근면한, **si** ~인지 아닌지, **ce que** 무엇을(~한 것을), **ce qui** 무슨 일이(~한 것이), **la veille** 전날, **pourquoi** 왜, **quand** 언제, **le lendemain** 이튿날, **où** 어디에

해답

〈1강〉

❒ 작문연습 1

1) Il est beau.
2) Elle est jolie.
3) Je suis grand(e).
4) Tu es petit(e).
5) Il est coréen.
6) Elle est française.
7) Ils sont chinois.
8) Elles sont américaines.
9) Ils sont coréens.
10) Je suis étudiant(e).
11) Vous êtes médecin.
12) Tu es professeur.
13) Je suis salarié.
14) J'ai un dictionnaire.
15) Vous avez un passeport.
16) Elle a un livre.
17) Il a un chien.
18) Nous avons des crayons et des cahiers.
19) Ils ont une maison.
20) Elles ont une voiture.

〈2강〉

❒ 작문연습 2

1) C'est une fenêtre.
2) C'est une cravate.
3) C'est la cravate de Michel.
4) Voilà une chanteuse.
5) Voici des bijoux.
6) Voilà des étudiants et des professeurs.
7) Ce sont des fleurs.
8) Ce sont des stylos.
9) Il est chanteur et elle est actrice.
10) Elles sont étrangères.
11) Voici un prince et une princesse.
12) J'ai une amie.
13) Voilà une dame et un chat.
14) Voici un livre et des crayons.
15) Voilà un hôtel.
16) L'hôtel est devant l'école.
17) Voilà des filles et des garçons.
18) Il y a une maison.
19) Il y a du sucre.
20) Il y a de l'argent

〈3강〉

❒ 작문연습 3

1) C'est une voiture rouge.
2) Il a un crayon bleu.
3) La mer est bleue.
4) La maison est blanche

5) Les roses sont belles.
6) C'est une actrice fameuse.
7) C'est un beau garçon.
8) Le travail est difficile.
9) Voici une table légère.
10) Voilà un grand arbre et voici une petite fleur.
11) Voilà une robe rouge.
12) C'est un homme pauvre.
13) Voici cinq pommes.
14) Il y a deux livres et trois cahiers.
15) Il a sept roses rouges.
16) Nous avons une table ronde.
17) Voilà le drapeau coréen.
18) C'est un mauvais livre.
19) Tu es un bon étudiant.
20) Voici un beau papillon et de jolies fleurs.

〈4강〉

❐ 작문연습 4

1) J'aime le chocolat.
2) Pierre parle français.
3) Elle habite à Paris.
4) Vous étudiez le français.
5) Ils écoutent la musique à la radio.
6) Nous déjeunons ensemble.
7) Je m'appelle Jean.
8) Nous achetons un livre.
9) Elle préfère la rose.
10) Nous mangeons du chocolat.
11) Les français mangent du pain.
12) Ils regardent le jardin.
13) Elles marchent lentement.
14) Il chante et elle danse.
15) J'invite des amis.
16) Il finit l'exercice.
17) Je finis le voyage.
18) Nous choisissons trois tableaux.
19) Vous réfléchissez d'abord.
20) Vous agissez après.

〈5강〉

❐ 작문연습 5

1) Je peux vivre à l'étanger.
2) Il veut un emploi stable.
3) Elle prend le bus.
4) Nous avons sept ans.
5) Ils font du yoga.
6) Ils partent en vacances.
7) Elles font une promenade.
8) Nous prenons toujours le métro.
9) Je vais à l'école.
10) Elle part pour la France.
11) Je vois une maison blanche
12) Tu peux partir.
13) Il veut partir.
14) Nous avons beaucoup de devoirs.
15) Elle doit mettre des lunettes de soleil.
16) Sophie rend le livre emprunté.
17) Jean écrit à sa mère.
18) Il boit du café au lait.
19) Nous disons la vérité.
20) Vous vivez à Paris.

〈6강〉

❐ 작문연습 6

1) Elle peut comprendre.
2) Nous voulons boire du café.
3) Tu dois répondre.
4) J'aime regarder la télé.
5) J'aime faire du bateau.
6) Il cherche à trouver le travail.
7) Nous avons besoin de manger un peu.
8) Il hésite à accepter cette proposition.
9) Il arrête de fumer.
10) Elle sait nager.
11) Je vais préparer le dîner.
12) Nous venons de voir un bon film.
13) Je vais écrire à ma mère.
14) Je viens de lire un roman intéressant.
15) Il sait danser.
16) Je veux apprendre le français.
17) Vous voulez acheter une belle voiture.
18) Ils doivent travailler beaucoup.
19) Nous pouvons sortir ce soir.
20) Il peut aller chercher son frère.

〈7강〉

❐ 작문연습 7

1) Il regarde cet arbre.
2) Nous écoutons ces disques.
3) Sophie aime ce garçon adorable.
4) Je vais à Pusan cette semaine.
5) Cette horloge est nouvelle.
6) Cet homme parle français.
7) Nous regardons ces étoiles.
8) Elle aime cet opéra.
9) Il écoute cette chanson.
10) En ce moment, ils sont à Londres.
11) Cet après-midi, je dois faire les courses.
12) Cet hiver il fait vraiment froid.
13) Elle aime beaucoup ces fleurs.
14) Cet homme-là est gentil.
15) Je choisis ce chemin-ci.
16) Tu connais cette histoire.
17) Cette année, il va finir ses études.
18) Il habite à cette adresse.
19) Ce livre est celui de Sophie.
20) Voici deux actrices; j'aime celle-ci et il aime celle-là.

〈8강〉

❐ 작문연습 8

1) Il regarde ses parents.
2) Tu connais son numéro de téléphone.
3) Il téléphone à son père.
4) Ses affaires marchent bien.
5) Elle fait ses bagages.
6) Ils parlent de leurs vacances.
7) Elles font bien leur travail.
8) Le dimanche, ils passent leur temps dehors.
9) J'oublie toujours son adresse.
10) Il écrit à ses parents.
11) Elle aime son métier.
12) C'est son assiette.
13) Mes soeurs sont encore petites.
14) Tes frères sont grands.
15) Mon père est professeur.
16) Ta soeur est belle.
17) Sa question est facile.

18) Le professeur parle à ses étudiants.
19) Ses crayons sont rouges.
20) Ils ont leur vie et j'ai la mienne.

❐ Delf 작문연습 1 (가족 소개):

Clara parle de sa famille.
Ses parents sont encore jeunes.
Son père a trente-huit ans.
Sa mère a trente-six ans.
Elle a un petit frère.
Son petit frère aime la lecture.
C'est son livre préféré.
Clara aime cette émission.
Ses parents aiment aussi cette émission.
Le soir, son petit frère lit son livre préféré.
Clara et ses parents regardent leur émission préférée.
Tout le monde est content.

〈9강〉

❐ 작문연습 9

1) Tu ne dis pas la vérité.
2) Elle ne comprend pas le problème.
3) Nous ne parlons pas le japonais.
4) Vous ne faites pas d'économies.
5) La maison n'est pas grande.
6) Il n'a ni le livre ni le dictionnaire.
7) Le bébé ne pleure plus.
8) Cet enfant ne parle pas encore.
9) Vous détestez ne pas comprendre.
10) Il part sans payer.
11) Elle est étudiante?
12) Vous avez des crayons?
13) Vous êtes coréen?
14) Est-ce que vous aimez le théâtre?
15) Est-ce qu'il y a des boutiques?
16) Est-ce que ce sont des chaises?
17) Aimes-tu cette fille?
18) Aimez-vous la musique classique?
19) Marie aime-t-elle le théâtre?
20)Vous n'êtes pas coréen?

〈10강〉

❐ 작문연습 10

1) Quel est cet arbre?
2) Quel oiseau aimez-vous?
3) Quel est ton prénom?
4) Quelle heure est-il?
5) Quels sont vos projets?
6) Quel jour est-ce aujourd'hui?
7) Quelle est son adresse?
8) Quel est le premier jour de la semaine?
9) A quelle heure prenez-vous le repas?
10) A quelle heure commence votre classe?
11) Où est ton fils?
12) Où allez-vous?

13) D'où vient-elle?
14) Combien de crayons as-tu?
15) Quand finissez-vous votre travail?
16) Depuis quand êtes-vous à Paris?
17) Comment est-il?
18) Comment trouvez-vous cet appartement?
19) Pourquoi cherche-t-elle de l'eau?
20) Parce qu'elle a soif.

〈11강〉

❐ 작문연습 11

1) Que fais-tu? (Qu'est-ce que tu fais?)
2) Qui êtes-vous? (Qui est-ce que vous êtes?)
3) Que voulez-vous? (Qu'est-ce que vous voulez?)
4) Qui tombe? (Qui est-ce qui tombe?)
5) Qui aidez-vous? (Qui est-ce que vous aidez?)
6) A qui penses-tu? (A qui est ce que tu penses?)
7) A quoi penses-tu? (A quoi est-ce que tu penses?)
8) Lequel de ces amis préfères-tu?
9) A laquelle de ces filles pense-t-il?
10) Travailler ou dormir, lequel choisis-tu?

❐ Delf 작문연습2 (편지1):

Ma chère Clara,
Salut!
Je suis à Nice maintenant.
Je passe mes vacances avec mes parents.
A Nice, il y a la mer, la montagne et beaucoup de musées.
Lequel préfères-tu?
Je préfère la mer. Mais il y a trop de touristes là-bas.
Cet après-midi, je vais aller au musée pour regarder les tableaux de Cézanne.
Bisous,
Sophie

〈12강〉

❐ 작문연습 12

1) Nous sommes bien content(e)s.
2) Il est gravement malade.
3) Elle travaille bien.
4) Tu pars vraiment demain?
5) J'aime beaucoup la musique.
6) Elle va assez souvent au théâtre.
7) Le café est très chaud.
8) Vous conduisez trop vite.
9) Le chien dort dehors.
10) Dans ce jardin, (partout)il y a (partout)des fleurs partout.
11) Elle pense à sa mère.
12) Mon oncle vient de Daijeon.
13) Son père est en Chine.

14) Il joue au tennis avec son fils.
15) Il travaille pour sa famille.
16) Pierre est dans son bureau.
17) La neige va tomber jusqu'à demain.
18) Clara habite loin de la gare.
19) Ton livre est sur ma voiture.
20) Le dictionnaire de français est sous la table.

〈13강〉

❒ 작문연습 13

1) Il est trois heures et demie.
2) Il est minuit.
3) Il faut s'amuser.
4) Il fait chaud.
5) Il fait nuit.
6) Il fait mauvais ce matin.
7) Il pleut beaucoup en été.
8) Il y a une petite villa dans la montagne.
9) Il y a des enfants dans le jardin.
10) Il est bon de manger ensemble.
11) Il est facile de faire ce travail.
12) Il s'agit de votre femme.
13) Il s'agit de vos examens.
14) Il faut travailler pour vivre.
15) Il vaut mieux rester ici.
16) Il est possible de répondre à cette question.
17) Il est difficile de comprendre ce problème.
18) Il vaut mieux quitter la France.
19) Il arrive un accident de voiture.
20) Il arrive un miracle.

〈14강〉

❒ 작문연습 14

1) Tu aimeras le théâtre.
2) Je finirai mes devoirs jusqu'à demain.
3) Elle ira en France l'année prochaine.
4) Nous serons libres un jour.
5) Il deviendra professeur.
6) Nous ferons une promenade demain.
7) Il dira la vérité à sa mère.
8) Elle pourra entrer dans cette école.
9) Mon père viendra à 7heures du soir.
10) Vous prendrez ce médicament trois fois par jour.
11) Il neigera en hiver.
12) Pendant le voyage, les portes de l'avion resteront fermées.
13) Nous n'irons plus dans ce restaurant.
14) Attention, tu tomberas!
15) Vite! L'autobus partira!
16) Le concert commencera à 4 heures.
17) Ils travailleront pendant 8 heures.
18) Vous étudierez la leçon 7.
19) Dans vingt ans, où serons-nous?
20) Que ferons-nous?

❒ Delf 작문연습3 (길 묻고 답하기):

Paul : Bonjour, monsieur.
Soomin : Bonjour, monsieur.
Paul : Je cherche la gare. Où est la gare de Séoul?
Soomin : Vous allez à pied?
Paul : Non, en bus. C'est loin?
Soomin : Non, c'est tout près. En bus, c'est facile.

Vous prenez le bus jusqu'à l'arrêt de la gare de Séoul.
Après vous prendrez la première rue à gauche.
Puis vous traverserez le carrefour.
Vous verrez la gare de Séoul.

Paul : Merci, monsieur. Au revoir!

Soomin : Au revoir. Bon voyage!

<14강> 단순미래 연습을 위해 미래로 표현한 동사들이 있습니다. 물론 현재나 근접미래로 표현해도 됩니다.

〈15강〉

❐ 작문연습 15

1) Avant je n'avais pas de patience.
2) Nous allions au musée le samedi.
3) Le monsieur achetait le journal tous les jours.
4) Elle allait souvent à l'hôpital.
5) Tout le monde voulait gagner.
6) Nous aimions les films de Woody Allen.
7) Vous ne fumiez pas.
8) Nous parlions de cet accident.
9) Les enfants jouaient avec une balle.
10) Il pouvait partir n'importe quand.
11) Les étoiles brillaient dans le ciel.
12) Mon père faisait du sport tous les matins.
13) Nous travaillions beaucoup le français.
14) Le professeur employait des mots faciles.
15) Longtemps j'aimais les romans de Stendhal.
16) Autrefois je déménageais souvent.
17) Tu finissais toujours ton travail à l'heure.
18) Elle rougissait facilement.
19) Nous partions en avance.
20) Quand il est entré dans le salon, sa fille jouait du piano.

〈16강〉

❐ 작문연습 16

1) Qu'est-ce que tu as fait hier soir?
2) Elle a vécu longtemps en France.
3) J'ai regardé un spectacle amusant.
4) Hier, il a fait beau toute la journée.
5) Ils sont déjà venus plusieurs fois en France.
6) Je suis entré dans la banque et j'ai fait la queue.
7) Il a réfléchi pendant une heure.
8) Vous avez ouvert la porte.
9) Elle est allée à la fenêtre.
10) Ils ont regardé la rue ensemble.
11) Elle est sortie de sa chambre.
12) Elle a sorti un mouchoir de sa poche.
13) Tout le monde a attendu la star.
14) J'ai décidé d'aller voir mon ami.

15) Il a dû rester à l'hôpital.
16) Je suis monté dans le bus.
17) Nous avons aimé ce genre de livres.
18) J'ai acheté une boîte de chocolats.
19) Quand ma mère est entrée dans ma chambre, j'étais en train de lire.
20) Quand il avait fini ses devoirs, il a regardé la télévision.

❐ Delf 작문연습 4 (영화감상문쓰기):

Ce matin, j'ai vu un film français intitulé La source de Manon.
Le film n'était pas ennuyeux.
L'histoire était très intéressante.
Le héros aime l'héroïne.
Mais elle le déteste parce qu'il a trompé son père.
Le héros lui a volé la terre de sa famille.
Leur amour étaient malheureux mais ils jouaient très bien.
En particulier, le paysage de la Provence était superbe!
Je n'ai jamais vu un aussi beau film français.

〈17강〉

❐ 작문연습 17

1) Je te comprends.
2) Il ne me comprend pas.
3) Est-ce que tu m'aimes? (m'aimes-tu?)
4) Vous les détestez.
5) Elle m'a regardé(e).
6) Ils me demandent mon nom.
7) Sophie nous répond.
8) Qu'est-ce qu'elle t'a demandé?
9) Vous vous couchez tard.
10 Vous vous téléphonez souvent?
11) Voici une jolie fleur. Je la lui donne.
12) Donnez-moi cette pomme. (Donnez-la-moi.)
13) Passez-nous du sel.
14) Il m'a donné ce livre.
15) Elle aime les robes. Hier, elle les a achetées.
16) Est-ce que tu diras la vérité à Nicolas? -Oui, je la lui dirai.
17) Je lui ai présenté mes excuses.
18) Ne lui parlez pas, parlez-moi.
19) Je vous le donnerai.
20) Nous ne l'avons pas reconnue.

❐ Delf 작문연습 5 (편지2):

Cher Pierre,
Je suis vraiment désolée.
Tu m'avais donné un livre de Stendhal il y a deux semaines.
Je l'ai lu avec intérêt.
Mais j'ai oublié de te le rendre.
Je te le rends avec beaucoup de retard.
Je te prie de m'excuser.
A bientôt.
Sophie

〈18강〉

❐ 작문연습 18

1) Je me lève à 6heures.
2) A quelle heure vous couchez-vous?
3) Il se lave les mains.
4) Nous nous reposons.
5) Je vais me lever tôt, demain. (Demain, je me lèverai tôt)
6) Elle se brosse souvent les cheveux.
7) Chaque matin, il se rase le visage.
8) Ils se sont aimés.
9) Nous nous téléphonons souvent.
10) Je ne me souviens pas de lui.
11) Ils se sont cherchés longtemps.
12) Je m'interesse à la littérature française.
13) Nous allons nous promener après le déjeuner.
14) Tous les matins, elle se maquille et elle s'habille.
15) Jean s'est installé dans un autre pays.
16) Il s'est habitué à sa nouvelle vie.
17) En quelle année est-ce que vous vous êtes marié(e, s, es)?
18) Est-ce que vous vous occuperez de ces enfants?
19) Ils se sont pardodonnés.
20) A l'époque, nous nous disputions souvent.

〈19강〉

❐ 작문연습 19

1) Marie est aimée de mon frère.
2) Pierre est battu par sa soeur.
3) Votre père est respecté de tout le monde.
4) La terre est couverte de neige.
5) Cette actrice vient d'être aimée de tout le monde.

6) Il a été interrogé par le policier.
7) Les repas sont préparés par ma mère.
8) La voiture sera réparée par le mécanicien.
9) Ce tableau a été vendu.
10) Son prix a été fixé.
11) Cette maison vient d'être vendue.
12) Le premier roman est écrit par l'auteur.
13) Des phrases sont ajoutées par l'auteur.
14) Le roman sera jugé par les lecteurs.
15) Elle a été défendue par un mauvais avocat.
16) Le mannequin est poursuivi par les photographes.
17) Le professeur a été respecté par ces élèves.
18) Je serai aimé(e) de tout le monde.
19) Sophie a été heurtée par la voiture.
20) Ce livre est vendu très cher.

〈20강〉

❐ 작문연습 20

1) Je suis plus intelligent(e) que Marie.
2) Marie n'est pas si sérieuse que Sophie.
3) Paul est moins actif que Louis.
4) Marie parle plus vite que moi.
5) Le Louvre est plus grand que le musée Picasso.
6) Cette émission est moins intéressante que l'autre.
7) Il est aussi jeune que toi?
8) Vous parlez moins vite que la plupart des Français.
9) Ce gâteau est meilleur que l'autre.
10) Tu parle français mieux qu'elle.
11) En ce moment, nous avons autant de travail que l'année dernière.
12) Il a plus d'énergie que toi.
13) Il faut moins d'argent pour vivre à Dijon qu'à Paris.
14) Il est le plus actif de sa classe.
15) Le printemps est la saison la plus agréable de l'année.
16) L'avion est plus rapide que le train.
17) Elle semble moins sérieuse que sa soeur.
18) Les enfants dorment plus profonds que les adultes.
19) Paul a beaucoup plus de chance que Pierre.
20) Paule est la plus chanceause de ses amis.

〈21강〉

❐ 작문연습 21

1) Elle est belle mais méchante.
2) Je n'aime ni film ni théâtre.
3) Pierre aime Sophie car elle est jeune et jolie.
4) Quand elle est arrivée chez elle, il regardait la télé.
5) Je devais te téléphoner mais j'étais trop occupé.
6) Tu as beaucoup mangé, donc tu avais mal au ventre.
7) Je sais qu'il est devenu docteur.
8) Comme il neige, ma grand-mère ne veut pas sortir.
9) Quand mon père est rentré à la maison, ma mère préparait le repas.
10) Jean travaille bien et s'amuse bien.
11) Je crois que ce projet va réussir.
12) Voulez-vous du thé ou du café?
13) Je vais me coucher car je suis trop fatigué.
14) Vas-tu continuer tes études ou finir tes études?
15) Ce garçon n'est ni grand ni robuste.
16) Il fait du vent et de la pluie. Aussi je ne veux pas sortir.
17) D'abord, prendre un saladier.
18) Ensuite, y mettre un peu de sel, de poivre et une petite cuillère de moutarde.
19) Puis verser une cuillère de vinaigre.
20) Enfin, ajouter trois cuillères d'huile et tourner.

❐ Delf 작문연습5 (글의 논리적인 순서를 표현하는 작문)

예시1)

D'abord, ouvrir la porte.
Ensuite s'asseoir sur le siège avant gauche.
Puis attacher sa ceinture de sécurité.
Enfin, mettre la clé de contact, la tourner.

〈22강〉

❐ 작문연습 22

1) On gagne sa vie en travaillant.
2) Elle se promène en lisant.
3) Il réussira en travaillant beaucoup.
4) Tu regardes cette fille en rougissant.
5) Je prends ma douche en chantant.
6) Il est arrivé en courant.
7) Vous ne pouvez pas conduire en lisant.
8) En passant par là, nous pouvons arriver à l'heure.
9) J'ai rencontré mon ami en allant à l'école.
10) La pluie cessant, nous allons sortir.

11) La nuit venue, nous rentrions à la maison.
12) J'ai vu le vieux cheval tirant la voiture.
13) Voici le garçon lisant le journal.
14) Il aime les enfants obéissant à leurs parents.
15) Ayant lu la lettre, elle est sortie.
16) Il y a des chats traversant le jardin.
17) Etant arrivée à Paris, elle m'a cherché(e).
18) Ayant terminé le petit déjeuner, mon fils est allé à l'école.
19) La ville disparaissant, la fille a pleuré.
20) Mon père revenant, je partirai.

〈23강〉

❐ 작문연습 23

1) Je connais ce garçon qui parle avec votre soeur.
2) Elle aime le livre qui est sur la table.
3) Vous connaissez cet homme qui est assis en face de Sophie?
4) Elle porte une vallse qui pèse plus de 20kilos.
5) Vous habitez dans un studio qui est tout petit.
6) Le garçon qui sourit est mon fils.
7) La fille qu'ils regardent est jolie.
8) La personne à qui j'écris est ma grand-mère.
9) N'achetez pas ce qui est trop cher.
10) Je ne veux pas vivre à Londres où je ne connais personne.
11) Je n'oublierai jamais le moment où mon fils est né.
12) C'est le samedi où je suis libre.
13) Voilà l'élève dont je suis fière.
14) Voici le dictionnaire dont j'ai besoin.
15) Le bébé qui pleure a mal aux dents.
16) Où est le livre que tu viens de lire?
17) Nous lisons des poèmes que nous trouvons très beaux.
18) Je travaille dans une société dont le directeur est jeune.
19) Quel est le projet auquel vous pensez?
20) Voilà le frère de Marie lequel est malade.

〈24강〉

❐ 작문연습 24

1) J'aimerais connaître la France.
2) Je voudrais parler plusieurs langues.
3) Est-ce que vous souhaiteriez devenir avocat?
4) J'aimerais bien vous revoir.
5) Ce meuble daterait du xixe siècle.

6) Cette année serait une bonne année pour les raisins.
7) D'après le météo, un orage arriverait bientôt.
8) Ce serait l'usine qui pollue la rivière.
9) Pourriez-vous m'indiquer le chemin de la gare?
10) Je voudrais parler à M. Kim.
11) Je désirerais avoir un rendez-vous le matin.
12) Je préférerais aller à la mer.
13) Il faudrait traverser ce pont.
14) Ce serait une bonne expérience!
15) s'il faisait beau cet après-midi, je ferais une promenade.
16) Si j'avais le temps, j'irais au théâtre.
17) Si mes parents étaient riches, ils voyageraient en Europe.
18) Si tu m'oubliais, je serais très triste.
19) Si vous m'aviez oublié, j'aurais été très triste.
20) Paul a dit qu'il ne pourrait pas venir.

〈25강〉

❐ 작문연습 25

1) Je veux que vous veniez chez nous.
2) Je veux qu'elle finisse cela.
3) Je souhaite qu'il fasse ce travail.
4) Je suis content(e) que vous soyez heureux.
5) Je doute qu'ils viennent.
6) Je regrette que vous partiez si tôt.
7) Je crains qu'il ne pleuve.
8) Ma mère souhaite que je réussisse un jour.
9) Je ne crois pas qu'il fasse cela.
10) Croyez-vous qu'elle soit malade?
11) Il faut que vous étudiez le subjonctif.
12) Elle va en France pour qu'elle étudie le français.
13) Il est impossible qu'elle vienne demain.
14) Il est naturel que tu veuilles partir.
15) Nous irons nous promener pourvu qu'il fasse beau.
16) Il est nécessaire que nous travaillions sérieusement.
17) Je veux que tu ais pensé à cela.
18) Je ne crois pas qu'il soit parti.
19) Il faut que tu dormes tôt ce soir.
20) C'est la seule phrase qu'il ait pu dire en français.

❐ Delf 작문연습 7 (이메일 보내기):

De: Clara
Objet: Le cadeau d'anniversaire
Date: 25 janvier 2011 20h32

A: Paul

Paul,
Salut, comment vas-tu?
Tu as pensé à un cadeau pour Pierre?
Marie a proposé des choses comme un livre ou un stylo.
A mon avis, on peut lui offrir des choses plus originales.
Qu'est-ce que tu penses d'un week-end dans un château par exemple?
Bises.
Clara

〈26강〉

❐ 작문연습 26

1) Il est en retard parce qu'il s'est levé tard.
2) Elle est triste parce qu'elle a perdu son chien.
3) Elles toussent à cause des cigarettes.
4) Il rentre tard à cause de son travail.
5) Elle est absente puis qu'elle est malade.
6) Comme il fait chaud, ouvrons la fenêtre.
7) Comme vous aimez les fleurs, je vous les apporte.
8) Quand elle est de bonne humeur, elle est charmante.
9) Quand je suis en vacances, je pars pour la France.
10) Lorsqu'il veut faire du sport, il va à la piscine.
11) Dès que j'entre dans la chambre, j'allume la lumière.
12) Aussitôt que nous arrivons à la maison, nous vous téléphonerons.
13) Depuis qu'elle se maquille, elle est beacoup plus jolie.
14) Je travaille pendant qu'elle écoute de la musique.
15) Chaque fois qu'il s'endort seul, il fait un cauchemar.
16) Va acheter ton billet avant que le train (ne) parte.
17) Nous allons étudier le français jusqu'à ce que nous le parlions correctement.
18) Nous ne faisons pas de bruit pour que vous puissiez travailler.
19) Bien qu'il ait gagné beaucoup d'argent, il n'est pas heureux.
20) Elle a tellement dansé qu'elle a très mal aux pieds.

〈27강〉

❐ 작문연습 27

1) Il croit qu'il est malade.
2) Elle pense qu'elle est libre.
3) Il a dit qu'il avait été libre la veille.
4) Il me dit d'aller à l'école.
5) Elle dit qu'elle a eu de la chance.

6) Elle me dit que j'ai eu de la chance.
7) Elle a pensé que nous avions eu raison.
8) Il a dit que vous deviendriez célèbre.
9) Tu as dit que tu viendrais chez nous le lendemain.
10) Mon professeur me dit d'être plus studieux.
11) Il m'a demandé si j'avais pris le petit déjeuner.
12) Mon professeur m'a demandé si j'avais compris cette phrase.
13) Je lui demande s'il veut aller à l'école.
14) Il me demande ce que je dis.
15) Il m'a demandé ce qui était arrivé.
16) Il m'a demandé ce que j'avais mangé la veille.
17) Paul me demande quelles fleurs j'aime.
18) Il lui demande pourquoi elle est partie.
19) Elle lui a demandé quand il reviendrait.
20) Il m'a demandé où j'irais le lendemain.

문샘의 초보자를 위한

기초 프랑스어 문법과 작문

부록

1) 직업과 관련된 명사 및 표현

*( )안은 여성형의 변화를 뜻하며 ~e로 끝나는 명사는 여성형이 같습니다.

chanteur(teuse) 가수
femme au foyer 가정주부
infirmier(ère) 간호사
architecte 건축가
enseignant(e) 교사
fonctionnaire 공무원
notaire 공증인
journaliste 기자
mécanicien(ne) 기계공
ingénieur 기술자, 기사
étudiant(e) (대)학생
dessinateur(trice) 디자이너, 삽화가
*couturier(ère) 의상 디자이너, 재단사
danseur(euse) 무용수
acteur(trice) 배우
avocat(e) 변호사
secrétaire 비서
professeur 선생님
chômeur(se) 실업자
pharmacien(ne) 약사
employé(e) de banque 은행원
musicien(ne) 음악가
écrivain 작가
informaticien(ne) 정보처리기술자
vendeur(se) 점원
joueur de foot (= footballeur) 축구선수
élève 학생
employé(e) dans une compagnie 회사원

알아두면 유용한 기본 표현

A Qui est-ce? 이 사람은 누구입니까?

B C'est M. Delors. Il est mon professeur. 그 분은 들로르 씨입니다. 제 선생님입니다.

A Et elle? 그녀는요?

B Elle est sa femme et elle est danseuse. 그녀는 선생님의 부인이시고 무용수입니다.

A Quelle est votre profession? 직업이 무엇입니까?

B Je suis employé dans une compagnie. Et vous? 회사원입니다. 당신은요?

A Je suis employée de banque. 저는 은행원입니다.

2) 색깔을 뜻하는 형용사

blanc(che) 흰색

jaune 노랑색

blond(e) 금색(금발머리)

beige 베이지색

brun(e) 갈색

vert(e) 초록색

bleu(e) 파랑색

rose 분홍색

orange 주황색

rouge 빨강색

roux(sse) 빨강머리

violet(te) 보라색

gris(e) 회색

noir(e) 검정색

알아두면 유용한 기본 표현

A: Elle est blonde! 그녀는 금발이구나!

B: Oui, elle a les cheveux blonds et les yeux bleus. 응, 그녀는 금발머리에 파란 눈을 가졌어.

A: Elle porte une robe bleue et des lunettes vertes. 그녀는 파란색 원피스를 입고 초록색 안경을 썼어.

B: Et elle a une voiture rouge! 그리고 그녀는 빨강색 자동차를 가지고 있지!

3) 국가명 및 국가형용사

la Corée	coréen(ne) C~ *첫 자 대문자 ~국민
la Chine	chinois(e)
le Japon	japonais(e)
le Viet(-)nam	vietnamien(ne)
l'Inde	indien(ne)
les Etats-unis	américain(e) *l'Amérique du Nord/ du Sud
le Canada	canadien(ne)
le Mexique	mexicain(e)
le Brésil	brésilien(ne)
l'Argentine	argentin(e)
le Cuba	cubain(e)
la France	français(e)
l'Angleterre	anglais(e) *Grande-Bretagne (britanique)
l'Allemagne	allemand(e)
l'Italie	italien(ne)
l'Espagne	espagnol(e)
la Belgique	belge
la Hollande	hollandais(e) *les Pays-bas
le Danemark	danois(e)
la Russie	russe
la Hongrie	hongrois(e)
l'Algérie	algérien(ne)
le Maroc	marocain(e)
la Tunisie	tinisien(ne)
l'Egypte	égyptien(ne)
la Turquie	turc(turque)
la Tunisie	tunisien(ne)

la Libye	libyen(ne)
le Liban	libanais(e)
le Gabon	gabonais(e)
le Sénégal	sénégalais(e)
la Syrie	syrien(ne)
l'Ethiopie	éthiopien(ne)
la Jordanie	jordanien(ne)
l'Arabie Saoudite	arabe
l'Iraq(k)	iraquien(ne)
l'Iran	iranien(ne)

알아두면 유용한 기본 표현

A: Quelle est votre nationalité? 당신은 어느 나라 사람입니까?

B: Je suis coréen. Et vous? 한국인입니다. 당신은요?

A: Je suis française. Et vous? 프랑스인입니다. 당신들은요?

C: Moi et ma femme sommes américains. Mais nous sommes en France depuis trois ans. 나와 내 부인은 미국인입니다. 그러나 우리는 3년 전부터 프랑스에서 삽니다.

4) 수 형용사

프랑스의 수 형용사를 보면 프랑스인들이 과연 자신들이 그토록 외치며 추구하는 합리성을 가진 국민들인가 의심이 들 정도입니다. 그렇지만 주먹을 쥔 상태에서 한 손가락씩 펴 가며 프랑스식으로 숫자를 세며 익히다 보면 금방 재미를 느끼며 익숙해질 수 있습니다. 먼저 기수 형용사는 "하나, 둘, 셋..." 하며 우리가 숫자를 셀 때 쓰이며 1~19까지의 숫자가 기본이 됩니다. 서수 형용사는 <기수 + ième>의 형태로 "첫 번째, 두 번째, 세 번째..."로 수를 셉니다.

	기수	서수
1	**un, une**	**premier, première**
2	**deux**	deux**ième**
3	**trois**	troisième
4	**quatre**	quatrième
5	**cinq**	cinquième
6	**six**	sixième
7	**sept**	septième
8	**huit**	huitième
9	**neuf**	neuvième
10	**dix**	dixième
11	**onze**	onzième
12	**douze**	douzième
13	**treize**	treizième
14	**quatorze**	quatorzième
15	**quinze**	quinzième
16	**seize**	seizième
17	**dix-sept**	dix-septième
18	**dix-huit**	dix-huitième
19	**dix-neuf**	dix-neuvième

20	**vingt**	vingtième
21	vingt et un(e)	vingt et unième
22	vingt -deux	vingt deuxième
30	trente	trentième
40	quarante	quarantième
50	cinquante	cinquantième
60	soixante	soixantième
70	soixante-dix	soixante-dixième
71	soixante et onze	soixante et onzième
80	quatre-vingts	quatre-vingtième
81	qutre-vingt un(e)	qutre-vingt-unième
90	quatre-vingt-dix	quatre-vingt-dixième
91	quatre-vingt-onze	quatre-vingt-onzième
100	cent	centième
101	cent un(e)	cent unième
1,000	mille	millième
10,000	dix mille	dix millième
1,000,000	un million	millionième
1,000,000,000	un milliard	milliardième

5) 가족 관련 어휘

mariage 결혼

mari 남편

femme (épouse) 아내

parents 부모

père 아버지

mère 어머니

enfants 자녀들

fils 아들

fille 딸

moi 나(자신)

sœur 여자 형제

frère 남자 형제

grand-parents 조부

grand-père 할아버지

grand-mère 할머니

oncle 삼촌(고모부)

tante 이모(고모)

cousin 남자사촌

cousine 여자사촌

neveu 남자조카

nièce 여자조카

beau-père 장인(시아버지)

belle-mère 장모(시어머니)

gendre 사위

bru(belle-fille) 며느리

beau-frère 동서(제부)

belle-sœur 시누이(올케)

알아두면 유용한 기본 표현

A: Vous êtes marié? 결혼하셨습니까?

B: Oui. Je suis marié. 예. 결혼했습니다.

A: Vous avez des enfants? 자녀가 있습니까?

B: Oui. J'ai trois enfants. J'ai une fille et deux garçons. 예. 3명 있습니다. 딸 한 명과 아들 둘이 있습니다.

6) 인사와 격려 표현들

Bonjour! Bonsoir! Bonne nuit! 안녕하세요?(아침(~저녁), 저녁, 밤에 하는 인사)

Enchanté(e)! 만나서 반갑습니다. (= Je suis enchanté(e) de vous voir. = Je suis ravi(e) de vous voir. = Je suis content(e) de vous connaître.)

Au revoir! A bientôt! A la prochaine! Adieu! 안녕히 계세요.(안녕히 가세요)

Bon appétit! 맛있게 드세요!

Bon courage! 힘(용기를) 내세요!

Bonne chance! 행운이 함께 하기를!

Bon voyage! 여행 잘 하세요!

Bonnes vacances! 휴가 잘 보내세요.

Bon aniversaire! 생일 축하합니다.

Bonne fête! 즐거운 시간(축제) 보내세요.

A votre santé! (Tchin tchin) 건배!

Faitez de beaux rêves! 좋은 꿈꾸세요.

Soignez-vous bien! 몸조리 잘 하세요.

Soyez heureux(se)! 행복하세요!

Joyeux Noël! 메리 크리스마스!

Bonne année! 새해 복 많이 받으세요.

Meilleurs voeux pour la nouvelle année! 근하신년

7) 음식 관련 표현

une huile 기름
chaud 뜨거운
froid 차가운
une bière 맥주
une eau 물
un pain
une faim 배고픔
une soif 목마름
un beurre 버터
une bouteille 병
un bonbon 사탕
un riz 쌀(밥)
un alcool 술
ivre (술)취한
un repas 식사
un appétit 식욕
une glace 아이스크림
un jus d'orange 오렌지 쥬스
un yaourt 요구르트
un lait 우유
une nourriture, un aliment, un plat 음식(요리)
une confiture 잼
un gâteau 케이크
un coca 콜라
une tarte 타르트(프랑스식파이)
un vin 포도주
un vin blanc 백포도주
un vin rouge 적포도주

un thé 차
un thé vert 녹차
un chocolat 초콜렛
une limonade 청량음료(레몬소다)
un fromage 치즈
un fruit 과일
des légumes 야채
une clémentine 귤
une fraise 딸기
une banane 바나나
une poire 배
une pêche 복숭아
une pomme 사과
une pasthèque 수박
un melon 멜론
un orange 오렌지
un kiwi 키위
un ananas 파인애플
un raisin 포도
une pomme de terre 감자
des frites 감자튀김
un haricot vert 강낭콩 껍데기
une pomme douce 고구마
une carotte 당근
un champignon 버섯
un chou chinois 배추
un avocat 아보카드
un oignon 양파
un concombre 오이

un pois 완두콩
une salade 샐러드
un épinard 시금치
un poireau 파
un soja 콩(나물)
une tomate 토마토
un poivron 피망
boire 마시다
manger, prendre 먹다

grossir 살찌다
maigrir 살 빠지다
mélanger 섞다
digérer 소화하다
le petit déjeuner 아침식사
le déjeuner 점심식사
le dîner 저녁식사
prendre un repas 식사하다
Bon appétit! 맛있게 드세요!

8) 의복관련 표현

un prix *가격
les soldes 바겐세일, 특매
en soldes 세일중인
un peignoir 가운(실내복)
un pyjama 파자마(잠옷)
une cravate 넥타이
un foulard 머플러
une écharpe 스카프
un chapeau 모자
une casquette 챙 있는 모자
un casque 헬멧
un pantalon 바지
un short, une culotte 반바지
un blue-jean 청바지
une taille 사이즈(크기)
un maillot de bain 수영복
un bikini 비키니
un sous-vêtement 속옷
un slip 팬티
un soutien-gorge 브래지어
une chaussure 신발
un soulier 구두
un talon haut 하이힐
une botte 장화
les boots 부츠
un basket 농구화
une sandale 샌들
une pointure 발 치수
un pull-over 스웨터

un costume 양복(한 벌), 의상
un tailleur 여성 정장
une chauchette 양말
un bas 스타킹
un habit 옷
une chemise 와이셔츠
un chemisier 블라우스
une mode 유행
à la mode 유행중인 *le mode d'emploi 사용법
une robe 원피스
une jupe 치마
un gant 장갑
un gilet 조끼
une veste 재킷(윗도리)
un cardigan 카디건
un veston 잠바
un anorak 파카(후드 달린)
un manteau 코트, 망토
un imperméable 레인코트
un tee-shirt 티셔츠
un polo 폴로셔츠
une qualité 품질 *quantité 수량
haute couture 고급 맞춤옷
prêt à porter 기성복
léger(ère) / lourd(e) *가벼운/무거운
bon marché / cher(ère), couteux(se) 싼/비싼
court(e) / long(ue) 짧은/긴

chic, élégant(e) 멋진, 우아한

confortable / inconfortable 편안한/ 불편한

démodé(e) 유행이 지난

propre / sale 깨끗한/더러운

à carreaux 체크무늬의

à fleurs 꽃무늬의

à rayures, à raies 줄무늬의

en coton 면으로 된

en cuir 가죽으로 된

en soie 실크로 된

en or 금으로 된

habiller, porter, mettre *입다

essayer 입어보다, 신어보다

une cabinet d'essayage 탈의실

préparer 준비하다

repasser 다림질하다

nettoyer 세탁하다

nettoyage 청소, 세탁

nettoyage à sec 드라이크리닝

aller à + qn. ~에게 어울리다

* Cette cravate vous va bien. 이 넥타이가 당신에게 잘 어울린다.

aller avec + qc. ~와 어울린다

* Le bleu va avec les yeux. 파랑색이 내 눈과 잘 어울린다.

Quelle est votre taille? 사이즈가 어떻게 되세요?

Il est bien habillé. (Elle est mal habillée.) 그는 옷을 잘 입었다.

9) 전화걸기와 관련된 표현

A)

- Allô? Je voudrais parler à Monsieur Bernard.
- Vous êtes Monsieur...?
- Baraud.
- Ne quittez pas, je vous le passe.

B)

- Allô? Je voudrais parler à Monsieur Bernard.
- C'est moi.
- Bonjour Monsieur, Clara à l'appareil.

C)

- Je voudrais parler à Madame Baraud.
- Madame Baraud n'est pas là. Vous voulez laisser un message?

D)

- Je voudrais parler à Monsieur Bernard.
- Il n'est pas dans son bureau. Vous pouvez rappeler plus tard?
- D'accord, je le rappelle dans 15 minutes.

알아두면 유용한 기본 표현

Allô? 여보세요.

Je voudrais parler à ... . ~를 바꿔 주세요.

Ne quittez pas. 잠깐 기다리세요.

Attendez un moment. 잠시만 기다리세요.

Je vous le(la) passe. 그를(그녀를)바꿔 드리겠습니다.

C'est pour .... ~를 찾는 전화입니다.

Qui est à l'appareil? 누구십니까?

C'est de la part de qui? 누구십니까?

C'est ... qui parle. ~입니다.

Vous pouvez épeler votre nom. 성함을 한 자씩 읽어주십시오.

C'est une erreur. Excusez-moi. 잘못 걸었습니다. 죄송합니다.

J'écoute. 네, 듣고 있습니다.

Je peux (Puis-je) laisser un message? 메모를 남겨도 될까요?

Vous voulez laisser un message? 메시지를 남기시겠습니까?

J'entends mal. 잘 안 들립니다.

Parlez plus fort. 더 크게 말씀해 주세요.

La ligne est occupés. 통화중입니다.

Dites-lui de me rappeler. 저에게 전화하라고 전해주세요.

Nous avons été coupés. 전화가 끊어졌습니다.

10) 다음 시를 감상하면서 복합과거와 반과거를 찾아보세요.

Déjeuner du matin 아침식사

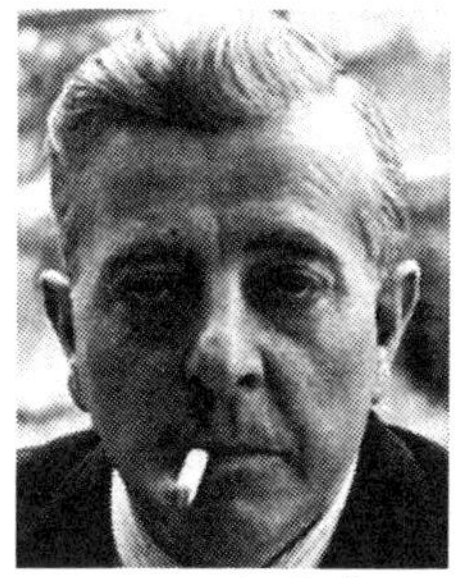

J. Prévert

Il a mis le café
Dans la tasse
Il a mis le lait
Dans la tasse de café
Il a mis le sucre dans le café au lait
Avec la petite cuiller il a tourné
Il a bu le café au lait
Et il a reposé la tasse
Sans me parler
Sans me regarder
Il a allumé une cigarette
Il a fait des ronds avec la fumée
Il a mis les cendres dans le cendrier
Sans me parler
Sans me regarder
Il s'est levé
Il a mis son chapeau sur sa tête
Il a mis son manteau de pluie
Parce qu'il pleuvait
Et il est parti sous la pluie
Sans une parole
Sans me regarder
Et moi j'ai pris ma tête dans ma main
Et j'ai pleuré.

문샘의 초보자를 위한

기초 프랑스어 문법과 작문

문미영

한남대학교 불어불문학과 졸업
부르고뉴대학교 불문학 석사
파리 XII대학교 불문학 박사
현 한남대학교 프랑스어문학과 겸임교수

문샘의 **초보자를 위한 기초 프랑스어 문법과 작문**

1판 1쇄 찍음 • 2011년 4월 10일
1판 6쇄 펴냄 • 2021년 3월 5일

저 자 • 문 미 영
발 행 인 • 정 현 걸
발 행 • 신 아 사
인 쇄 • 대명프린팅
출판등록 • 1956년 1월 5일 (제9-52호)
주 소 • 서울특별시 은평구 통일로 59길 4 (2층)
전 화 • 02)382-6411 · 팩스 02)382-6401
홈페이지 • www.shinasa.co.kr
E-MAIL • shinasa@daum.net

ISBN 978-89-8396-732-9(13760)
저자와의 협의로 인지를 생략합니다.

정가 15,000원